리셋시대의 경영

심 현 철

형지사

머리말

이제는 공상과학 영화의 시대에 접어들었다. 2006년 제작의 SF영화 '울트라 바이올렛'을 보면 인류는 어떤 바이러스에 의해 멸종에 직면했다.

사람들은 바이러스에 감염되지 않기 위해 특수 마스크를 착용하고 다닌다. 우크라이나 키이우 출신의 배우 밀라 요보비치(Milla Jovovich)가 열연한 주인공에 의해 인류는 다행히 구원된다.

이 영화가 제작된 지 13년만인 서기 2019연도에 인류는 코로나19로부터 공격을 당하였고, 2022연도 현재까지 아직이 역병으로부터 벗어나지 못하고 있는 실정이다.

클라우스 슈밥(Klaus Schwab)에 의하면 우리는 수년간 코로나19의 영향에서 벗어나지 못하고, 많은 것이 영원히 변할 것이다.

경제적 혼란과 아울러 정치·사회·지정학적 위험이 초래되고 있다. 기업들이 사라지고 산업들의 미래가 불확실하다.[1)]

정말 많은 것들이 변해 버렸다. 저자 개인적으로도 가족, 직업, 우정 등 모든 생활이 정지해 버렸다. 국가와 세계의 경제도 얼어붙었다.

---

1) 클라우스 슈밥 · 티에리 말르레 지음, 이진원 옮김, [클라우스 슈밥의 위대한 리셋], 메가스터디BOOKS, 2021, p. 15, 23.

학교구내 안경점에 들렀더니 주인은 1, 2년 사이에 놀랍게 수척해졌다. 코로나19 이후로 적자라는 것이다.

그러나 슈밥에 의하면 이 위기는 오히려 성찰과 변화의 잠재력을 내포하고 있다. 이 전례없는 기회를 이용하여 세상을 새롭게 재설정(reset)하자고 권유한다.[2)]

그렇다면, 이러한 위기와 리셋의 시대에 내가 할 일은 무엇일까? 무엇보다도 나의 삶과 직업과 회사에서 할 일을 찾을 수 있을 것이다. 내가 이것들을 잘 경영하고 있는지?

세상을 재설정하기 원한다면, 우선 나의 삶과 직업과 회사의 경영을 어떻게 리셋해야 할까? 경영의 리셋을 위한 묘책(tip)이 절실히 필요하다.

리셋을 위한 묘책을 얻기 위해 우리나라의 경영 이야기들을 탐구함으로써, 우리의 정서와 DNA에 부합되는 tip을 얻을 수 있다.

이 책에 담긴 신류와 S기업, 홍순언과 K기업, 홍성민과 Youtube, 이순신과 '린 경영', 퇴계 이황과 '설화수' 등의 이야기에서 이 시기의 '위대한 리셋'을 위한 tip을 찾기 바란다.

어려운 여건에서도 이 책을 정성스럽게 만들어 출판해 주신 유성열 사장님 이하 형지사 여러분들께 감사드린다.

2022.9.9.

저 자

---

2) 위의 책

차 례

제 3 부 인사관리

제 4 부 마케팅

제 5 부 생산관리

제 1 부

창업가 정신

제 1 장

창업가 정신

현 시대의 위기는 서기 2019년도에 코로나19의 공격과 더불어 시작되었다.

클라우스 슈밥(Klaus Schwab)은 이렇게 말했다.

"우리는 향후 수년간 코로나19의 영향에서 벗어나지 못할 것이며, 많은 것들이 영원히 변할 것이다. 코로나19는 엄청난 규모의 경제적 혼란을 초래하고, 정치 · 사회 · 지정학 등 다양한 차원에서 위험하고 변동성이 큰 시기를 만들고 있다."

"수백만 개의 기업이 사라질 위험에 빠졌고, 다수의 산업이 불확실한 미래에 직면하고 있다. 개인적인 측면에서는 많은 사람들이 유지해 왔던 삶이 놀라운 속도로 흐트러지기 시작하고 있다".[3)]

---

3) 클라우스 슈밥 · 티에리 말르레 지음, 이진원 옮김, [클라우스 슈밥의 위대한 리셋], 메가스터디BOOKS, 2021, p. 15, 23.

정말 많은 것들이 변해 버렸다. 개인들의 가족, 직업, 우정 등 모든 생활이 정지해 버렸다. 국가와 세계의 경제도 얼어붙었다.

설상가상으로 러시아·우크라이나 전쟁까지 발발하여 미래는 더욱 불확실하게 되었다.

그러나 슈밥의 말처럼 희망을 가질 이유가 있다.

> "그러나 심각한 실존적 위기는 자기 성찰을 도와주고, 변화의 잠재력을 내포하고 있기도 하다."
>
> "우리는 이 전례없는 기회를 이용하여 우리가 사는 세상을 새롭게 '리셋(reset)'해야 한다. 위기에서 벗어났을 때 더 바람직하고 유연한 세상으로 만들기 위해서 말이다."[4)]

슈밥은 이 전례없는 기회를 이용하여 세상을 새롭게 재설정(reset)하자고 권유한다.

그렇다면, 이러한 위기와 리셋의 시기에 내가 할 일은 무엇일까? 무엇보다도 나의 삶과 직업과 회사에서 할 일을 찾을 수 있을 것이다. 내가 이것들을 잘 경영하고 있는지?

세상을 재설정하기 원한다면, 우선 나의 삶과 직업과 회

4) 위의 책.

사의 경영을 어떻게 리셋해야 할까? 경영의 리셋을 위한 묘책(tip)이 절실히 필요하다.

리셋을 위한 묘책을 얻기 위해 우리나라의 경영 이야기들을 탐구함으로써, 우리의 정서와 DNA에 부합되는 tip을 얻을 수 있다.

저자는 우리 이야기의 탐구를 위해 '창업가'를 주인공으로 설정하였다. 창업가는 개척정신을 가지고 무엇인가를 해보려는 사람이기 때문이다.

나는 왜 태어난 것일까?
마르쿠스 아우렐리우스 안토니누스[5)]는 이렇게 말했다.

"아침에 일어나기 싫으면, '나는 인간으로서 일하기 위하여 일어난다'고 생각하라. 그 때문에 내가 태어났고, 그 때문에 내가 세상에 나온 일을 하려는데 아직도 불평을 한단 말인가? 아니면 나는 이불을 덮고 누워 몸이나 데우려고 만들어졌단 말인가?

너는 작은 식물들이, 참새들이, 개미와 거미와 꿀벌들이 맡은 바 소임을 다하여 우주을 구성하는데 나름대로 기여하고 있는 것이 보이지 않느냐? 하거늘 너는 인간으로서 맡은 일을 거부하고 네 본성에 맞는 것을 향해 달려가지

5) Marcus Aurelius Antoninus, 로마 16대 황제, AD 121~180, 재위 161~180.

않겠다는 것인가?

너는 너 자신을 사랑하지 않는다. 너 자신을 사랑한다면 너는 네 본성도, 네 본성의 의도도 사랑할 것이다. 자신의 기술을 사랑하는 다른 사람들은 목욕도 않고 식사도 거르며 자기 일에 전력을 쏟는다.

하지만 네가 너 자신의 본성을 존중하는 것은, 청동 조각가가 청동상을, 무용수가 무용술을, 수전노가 돈을, 헛된 명성을 좇는 자들이 그 명성을 존중하는 것에도 미치지 못한다. 이런 자들도 자기 일에 열중할 때는 자신이 마음먹은 일이 이루어지는 것을 포기하느니 차라리 먹고 자는 것을 포기한다.

너는 공동체를 위한 행동들이 더 하찮고 노력할만한 가치가 더 적다고 생각하는가?"[6)]

아우렐리우스는 한 인간으로서는 도저히 감당 못할 일 - 세계를 다스리는 일을 하는 로마의 황제이다.

가이우스 율리우스 카이사르[7)]가 개선장군으로서 로마 제정(帝政)의 기초를 놓은 이후, 역대 황제들은 개선장군이어야 했다. 사방을 둘러싼 야만인들로부터 로마 세계를 지켜야 했기 때문이다.

아우렐리우스는 이 일이 너무 힘들었다. 그래서 차라리

---

6) 키케로 외 지음, 천병희 옮김, [그리스 로마 에세이], 도서출판 숲, 2011, pp. 68~69.

7) Gaius Julius Caesar, BC 100~BC 44.

이불 덮고 몸이나 데운다.

그러나 결국 그는 공동체를 위한 황제의 일이 그의 본성이요, 가치 있는 것임을 확신하게 된다.

아인 랜드(Ayn Rand, 1905~1982)도 삶의 목표에 대해 말했다.

> "객관주의 윤리는 사람의 생명을 가치의 기준으로 그리고 개인의 생명을 그 사람의 윤리적 목표로 본다.
>
> 이 맥락에서 기준과 목표의 차이는 이렇다. 기준은 사람이 구체적인 어떤 목표를 성취하기 위해 여러 가지 선택을 해야 할 때 그 사람을 안내하는 척도 역할을 하는 추상적인 원칙이다.
>
> 인간 존재로서 사람의 생존에 필요한 것은 모든 개인에게 적용되는 추상적인 원칙이다. 이 원칙을 구체적인 어떤 목표에, 합리적인 존재에 적절한 삶을 산다는 목표에 적용하는 임무는 각 개인의 몫이며, 각 개인이 살아야 하는 삶은 바로 그 사람 자신의 삶이다.
>
> 사람은 인간 존재에게 적절한 기준을 바탕으로 자신의 행동과 가치, 목표를 선택해야 하는데, 이는 곧 그 사람 본인의 생명인 종국적 가치와 목표를 성취하고 지켜나가고 실천하고 즐기기 위함이다.

가치는 사람이 얻거나 지켜나가려고 애쓰는 것이며, 미덕은 사람이 가치를 얻거나 지켜 나가기 위해 하는 행위이다. 객관주의 윤리의 세 가지 기본적인 가치, 즉 사람의 종국적 가치인 자신의 생명을 지켜나가는 수단인 세 가지 가치는 바로 이성과 목표, 자족감이며, 이에 상응하는 세 가지 미덕은 합리성과 생산성, 긍지이다.

생산적인 노동은 합리적인 사람의 삶이 추구하는 핵심적인 목표이며, 또 그 사람의 다른 모든 가치들의 체계를 통합하고 규정하는 핵심적인 가치이다. 이성은 그 사람의 생산적인 노동의 원천이자 전제조건이며, 긍지는 생산적인 노동의 결과이다.

(중략)

생산성의 미덕은 사람의 정신이 생명을 지탱해 나가는 과정이 곧 생산적인 노동이라는 사실을 인정하는 것이다. 생산적인 노동이라는 과정이 있기에, 사람은 동물과 달리 자신을 환경에 적응시킬 필요성으로부터 해방됨과 동시에 환경을 자신에게 맞게 조정할 능력을 확보하게 되었다.

생산적인 노동은 사람이 무한한 성취를 이루는 길이며, 생산적인 노동은 사람의 성격적 특성 중에서 가장 고귀한 특성들을 요구한다. 창의적인 능력과 야망, 자기주장, 실패에 굴하지 않는 태도, 이 지구를 자신의 가치에 따라 다시 다듬겠다는 목표에 대한 헌신 등이 그런 특성이다.

생산적인 노동은 정신을 집중하지 않은 가운데 어떤 일을 수행한다는 뜻이 아니다. 생산적인 노동은 탁월하거나 평범한 분야에서 각자 능력에 맞는 수준에서 생산적인 경력을 의식적으로 선택하고 추구한다는 것을 의미한다.

이 대목에서 윤리적으로 관련 있는 것은 그 사람의 능력의 정도나 일의 규모가 아니라 그 사람의 마음을 목표에 맞게 최대한 활용하는가 하는 문제이다."[8]

아인 랜드에 의하면, 사람은 각자의 가치와 목표를 설정해야 한다. 그리고 그 목표를 달성하기 위한 길이 생산적인 노동이다.

생산적인 노동을 통해 무한한 성취를 이룰 수 있다. 창의력을 발휘하여 지구를 다시 다듬겠다는 목표를 추구할 수도 있다.

저자가 아인 랜드를 알게 된 것은 그녀가 지은 소설 [아틀라스(Atlas Shrugged)]를 재미있게 읽으면서이다. [아틀라스]는 한국어 번역판이 무척 두꺼운 900 페이지짜리 3권으로 구성되었으니 소설치고는 꽤 긴 소설이다. 몇 주일 걸려 읽으면서 철학자 아인 랜드의 면모를 어느 정도 짐작할 수가 있었다. 그녀의 사상에서 저자가 공감하는 부분은 개척정신과 자립정신을 내세운다는 것이다.

---

8) 아인 랜드, 정명진 역, [이기심의 미덕], 부글북스, 2017. pp. 46~49.

마르쿠스 아우렐리우스는 로마 제국을 구한다는 목표에 헌신하였는데, 아인 랜드는 더 야심차게 지구를 구하는 목표를 말했다.

바로 이것이 창업가정신(創業家精神)이다. 창업가는 자신의 가치에 부합되는 어떤 목표에 헌신하려는 사람이다.

창업가가 꼭 학문을 필요로 할까? 그렇지는 않을 것이다. 공부에 뜻을 두기보다는 오히려 일찍 현장에 뛰어든 창업가가 사업에 성공하는 경우가 많다.

학문은 창업가를 필요로 한다. 특히 경영학에서는 창업가가 어떻게 성공했는지를 사후에 알아보려고 애쓴다.

그러면 창업가에 관련된 분야인 경영학은 어떤 학문일까?

제 2 장

경영학은?

창업가 정신에 대해 생각해 보았다.

[카이사르의 갈리아 전쟁기]에는 갈리아(오늘날의 프랑스) 사람들에 관해 이런 구절이 나온다.

> "갈리아인은 뛰어난 재능을 가진 민족인데다 특히 배운 것을 모방하고 써먹는데 타고난 재능이 있었다. 그들에겐 많은 광산이 있고 온갖 종류의 터널을 뚫는 기술자들이 있었기 때문에 모든 일을 신속하고 기술적으로 진행했다."[9]

이처럼 광산 기술이 뛰어났던 갈리아인의 후예가 바로 앙리 페이욜(Henry Fayol, 1841~1925)이다. 그는 광산회사에

9) 가이우스 율리우스 카이사르 지음, 김한영 옮김, [카이사르의 갈리아 전쟁기], 사이, 2005, pp. 288~289.

서 기술자, 경영자로 재능을 발휘했다.

> "나는 생떼띠엔느 광산학교를 졸업하면서 19세에 꼬망뜨리(commentry) 석탄광업회사의 부문 엔지니어로 들어갔다. 이것이 1860년이었다."[10]

페이욜은 광산 기사로 경력을 시작했다. 1888년에 회사가 도산에 직면했을 때 관리이사가 되었는데, 1918년에 사장으로 퇴직했을 때 회사 재정은 튼튼했다.[11]

페이욜은 지적한다.

> "대부분의 최고경영자들은 집필할 시간도, 그러한 취미도 없으며, 경영관리에 관한 지침 제시나 또는 제자에게 전수도 하지 않은 채 세상을 등지고 만다".[12]

페이욜은 자신의 성공 원인을 분석하고, 경영학 이론을 세워서 널리 알렸다.

> "경영관리(administration)의 개념이 이와 같은 의미를 내포하고 있다면, 그것은 기업주나 기업경영자들의 독점적

---

10) 앙리 페이욜 저, 김홍길 역, [산업 및 일반경영관리론], 지문사, 1990, p. 160.

11) 클로드 조오지 2세 지음, 양창삼 옮김, [경영 사상사], 1984, 현상과 인식, p. 189.

12) 앙리 페이욜, 앞의 책, p. 35.

인 특권도 아니요, 개인적인 직책도 아니다 이는 곧 다른 필수적인 직능과 마찬가지로, 조직의 최고계층과 구성원들에게 골고루 맡겨진 하나의 직능인 것이다."[13)]

페이욜은 경영의 경험을 공유하기 위해, 1916년에 [산업 및 일반관리론(Administration industrielle et generale)]이라는 저술을 광산협회 회보에 선보였다. 1929년에는 영어로 된 책이 발간되었다. 페이욜의 이론은 완전히 체계를 갖추어 제시된 관리 이론으로서는 최초의 것이었다.[14)]

그러면 페이욜의 경영학은 무슨 내용일까? 기업 활동은 다음 여섯 가지 직능으로 나뉜다.

- 기술적 활동 - 생산, 제조, 가공
- 영업적 활동 - 구매, 판매, 교환
- 재무적 활동 - 자본의 조달과 관리
- 보호안전적 활동 - 재산과 종업원의 보호
- 회계적 활동 - 재고조사, 재무상태표, 원가계산, 기타 통계자료 등
- 경영관리적 활동 - 기획, 조직, 지휘명령, 조정, 통제

이 중에서, 경영관리적 활동에 대해서는 다음과 같이 정

---

13) 앙리 페이욜, 앞의 책, p. 21.
14) 클로드 조오지 2세, 앞의 책, pp. 190, 194.

의했다.

- 경영관리한다 - 기획하고, 조직화하고, 지휘명령하고, 조정하며 통제하는 것을 의미한다.
- 기획한다 -미래를 탐색하고 미래에 대한 행동방안을 세우는 것을 의미한다.
- 조직화한다 - 기업이 물적, 사회적 요소들로 하나의 유기체를 형성한다는 것을 뜻한다.
- 명령한다 - 구성원들로 하여금 직능을 수행하도록 하는 것을 의미한다.
- 조정한다 - 모든 행위와 노력을 관련지우고, 통합시키며 조화시키는 것을 뜻한다.
- 통제한다 - 모든 것이 제정된 규칙과 주어진 지시대로 움직이고 있는지 살피는 것을 의미한다."[15](그림 1 참조)

페이욜의 저서[16]에서는 각 직능을 부연 설명하고, 경영관리의 원칙들과 비결들을 알려 주었다.

---

15) 앙리 페이욜, 앞의 책, pp. 15~21.
16) 위의 책

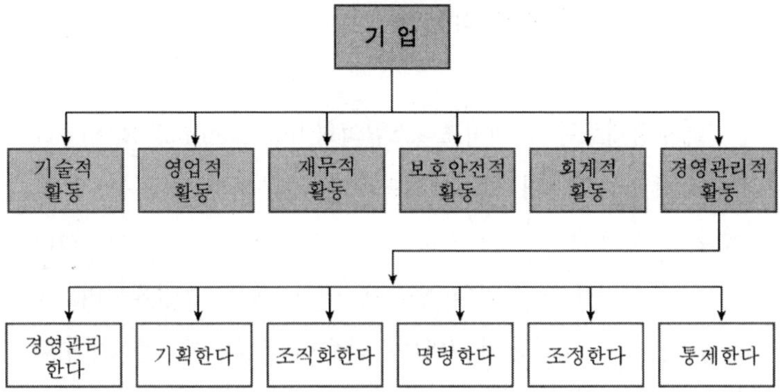

[그림 1] 앙리 페이욜의 경영관리 구조

페이욜부터 1세기가 지났다. 오늘의 경영학에서 강조되는 것은 무엇일까?

클라우스 슈밥에 의하면,

"변화는 이해관계자 자본주의(stakeholder capitalism)와 ESG로 불리는 기업의 비재무적 요소인 환경(Environment) · 사회(Social) · 지배구조(Governance)와 관련한 고려가 지속가능한 가치 창출에 점점 더 이바지하게 만들었다."

"세계가 광범위한 거시적 위험과 이슈에 민감해질수록 이해관계자 자본주의와 ESG 전략을 수용해야 할 필요성이 커지는 것으로 보인다."[17)]

이처럼 ESG 전략이 강조되고 있다.

17) 클라우스 슈밥 · 티에리 말르레 지음, 이진원 옮김, [클라우스 슈밥의 위대한 리셋], 메가스터디BOOKS, 2021, pp. 233~235.

또 클라우스 슈밥에 의하면,

“세계경제포럼 국제비즈니스협의회(International Business Council)는 지난해 말 ‘이해관계자 자본주의 지표’를 발표했다.

이 측정지표는 기업의 ESG에 대한 목표 측면에서의 진전을 수치로 측정하여 기업이 단순히 수익 이상을 최적화할 수 있게 한다. 구체적으로 살펴보면 다음과 같다.

- 지배구조의 원칙 지표에는 기업의 목적, 이사회구성(관련 경험, 성별, 과소 대표 그룹, 이해관계자 대표권), 이해관계자 참여(이해관계자들에게 중요한 주제로 확인된 것들은 무엇인가? 그것들은 이해관계자들과 어떻게 논의되었는가?), 부패방지 노력, 비윤리적이고 불법적인 행동을 보고하는 메커니즘, 비즈니스 프로세스에 영향을 미치는 리스크와 기회에 대한 지표와 공개 정보가 포함된다.
- 지구 지표에는 온실가스 배출량(그리고 이를 파리협약 목표와 일치시키기 위한 계획), 토지 사용과 기업 활동의 생태 민감도, 물 부족 지역의 물 사용 및 취수 등과 같은 기후변화에 대한 척도가 포함된다.
- 사람 지표에는 다양성과 포용성, 임금 평등(여성 대 남성, 소수인종 집단 대 다수인종 집단 등), 임금 수준(CEO 보수 대비 직원 보수 중위값, 최저임금 대비 신입사원 급여), 강제노동을 강요당한 아동의 사고위

험 및 건강과 안전(사고 건수, 예방법 설명), 교육 제공 등의 척도가 포함된다.

- 번영 지표에는 직원의 이직과 채용, 기업의 경제적 기여(긍정적으로는 지역사회 투자인 임금 지급, 부정적으로는 정부로부터 받은 지원금), 금융투자 및 연구 · 개발비, 납부한 세금 총액(법인소득세, 부가가치세 및 판매세, 재산세, 고용주 지급 급여세 등) 등의 척도가 포함된다."[18]

이와 같이 지금은 '이해관계자 자본주의'와 'ESG 경영'이 강조되는 시기이다.

저자가 느끼기에 조금 걱정스럽긴 하다. 구체적으로 ESG 지표를 책정하여 어느 정도의 진전이 있는가를 낱낱이 점검하는 정도에까지 이르렀다. 기업운영이란 마치 전투에 임하는 것과 같다. 신제품개발 등 장기적인 연구개발에도 기업의 존망이 달려있고, 매일 매일의 판매 촉진, 매달 돌아오는 어음을 막기위한 자금 조달 등 촌각을 다투는 일이 한두 가지가 아니다. 순간순간 살아남는 일에 매달려야 하는 것이 기업인이다. 여기에 ESG라는 또 하나의 배낭을 메고 적지에 들어서야 한다니!

하지만 원래 삶이란 것이 그리 녹록(碌碌)치가 않았다. 이것은 더 나은 세상을 향한 리셋을 위해 제시되었다.

---

18) 클라우스 슈밥 · 피터 반햄 지음, 김미정 옮김, [자본주의 대예측], 메가스터디BOOKS, 2022, pp. 339~340.

과거 페이욜 시대의 경영학이 내부적인 운영에 집중하였는데, 현대 경영학은 이해관계자 자본주의와 ESG 전략을 앞세운다.

그러면, 우리나라의 경영학은 어떠한지 잠시 살펴보기로 하자.

제 3 장

한국 경영학은?

창업가 정신을 생각해 보았다. 그리고 경영학에 관해 페이욜과 슈밥을 참고했다.

최근 한국인의 기업경영은 세계의 주목을 받고 있다. 보도는 이러하다.

"2022년 5월 20~22일에 방한한 바이든[19] 미국 대통령은 처음 일정으로 삼성반도체 평택캠퍼스를 방문했다. 이곳에서는 전 세계 메모리(D램, 낸드)의 15%를 공급한다.

바이든 대통령은 '이 공장은 양국의 혁신에 대한 긴밀한 결속을 반영한다. 이 칩을 만드는데 쓰이는 여러 기술과 장비는 미국에서 설계되고 생산됐다. 우리의 스킬과 기술적인 노하우를 하나로 모아서 우리는 양국에서 긴요하게 생각하는 국제경제 필수분야에 중요한 이 칩을 생산

19) Joe Biden, 1942생, 46대 미국대통령 임기 2021~

할 수 있다'고 했다.

미국이 설계하고 한국이 생산, 공급하는 이른바 반도체 동맹이다".(전자신문 2022.5.21.)

"조 바이든 미국대통령은 20일 '삼성전자가 170억 달러를 미국에 투자하기로 작년 5월에 약속한 것에 대해 다시 한번 감사드린다'고 했다. '이를 통해 텍사스 테일러 시에서 세계 최고 반도체를 생산할 것을 믿는다'며 이같이 말했다."(조선 비즈, 2022.5.20)

"또한 정의선 현대차 그룹회장은 22일 오전 서울 용산구 하얏트 호텔에 마련된 기자회견 자리에서 '현대차 그룹은 2025년까지 50억 달러를 추가로 투자해, 로보틱스, 도심항공모빌리티(UAM), 자율주행, 인공지능(AI)같은 다양한 기술에서 미국기업과의 협력을 강화할 계획'이라고 밝혔다.

바이든 대통령도 화답했다. '미국제조업에 100억 달러가 넘는 투자를 발표하게 돼 기쁘다'며 '미국을 선택해준데 감사하며, 미국은 현대차를 실망시키지 않도록 노력하겠다'고 답했다.

이번 면담에서 현대차그룹이 추가로 투자 계획을 밝히면서 조 바이든 대통령 방한 기간에 현대차그룹이 발표한 미국 투자금액은 총 105억 달러가 됐다. 하루 앞서 발표한 미국 전기차 공장건설 투자금 6조3천억 원(55억 달러)을 더한 금액이다."(한겨레, 2022.5.23)

이 보도와 같이 우리나라의 기업경영은 세계적으로 관심의 대상이 되고 있다. 세계인들이 우리나라 기업의 투자를 원하고 한강의 기적을 배우려고 한다.

한국이 세계의 주목을 받는 것에 대하여 이를 고대 아테나이와 비교하고자 한다. 아테나이도 당시 세계인의 주목을 받았기 때문이다.

펠로폰네소스 전쟁 시기(BC 431~BC 404)의 첫해 겨울에 아테나이에서는 전사자들을 위한 국비(國費) 장례식이 열렸다.

페리클레스(Perikles, BC 490?~BC 429)가 연설하도록 선출되었는데, 서두에서 아테나이가 민주정체인 것을 무엇보다도 높이 평가하였다.

그의 연설 중 아테나이의 장점에 관한 부분을 발췌하면 다음과 같다.

> "우리의 정체는 이웃나라들의 제도를 모방한 것이 아닙니다. 우리는 남을 모방하기보다 남에게 본보기가 되고 있습니다. 소수자가 아니라 다수자의 이익을 위해 나라가 통치되기에 우리 정체를 민주정치라고 부릅니다.
>
> 시민들 사이의 사적인 분쟁을 해결할 때는 법 앞에 만인이 평등합니다. 그러나 주요 공직 취임에는 개인의 탁

월성이 우선시되며, 추첨이 아니라 개인적인 능력이 중요합니다.

마찬가지로 누가 가난이라는 불리한 조건에도 불구하고 도시를 위해 좋은 일을 할 능력이 있다면 가난 때문에 공직에서 배제되는 일도 없습니다.

게다가 우리는 일이 끝나고 나면 우리 마음을 위해 온갖 휴식을 취할 수 있습니다. 사시사철 여러 가지 경연대회와 축제가 정기적으로 열리고, 우리의 가정은 아름답게 꾸며져 있어 날마다 우리를 즐겁게 하고 근심을 쫓아 주기 때문입니다.

그리고 도시가 크다 보니 온 세상에서 온갖 상품이 모여들어, 우리에게는 외국 물건을 사용하는 것이 자국 물건을 사용하는 것만큼이나 자연스럽습니다."

"우리는 혹독한 훈련에 의해서가 아니라 편안한 마음으로, 강요에 따른 용기보다는 타고난 용기로 자발적으로 위기에 맞서는데, 거기에는 몇 가지 이점이 있습니다. 말하자면 나중에 당할 고통을 미리 당하지 않아도 되고, 또 막상 고통이 닥치면 우리도 늘 혹독한 훈련을 하는 자들 못지않게 용감하다는 것을 보여준다는 것입니다. 이것이 우리 도시가 칭찬받아 마땅한 한 가지 이유입니다. 그럴 이유는 또 있습니다.

말하자면 우리는 고상한 것을 사랑하면서도 비용을 많

이 들이지 않으며, 지혜를 사랑하면서도 문약하지 않습니다. 우리에게 부는 행동을 위한 수단이지 자랑거리가 아닙니다. 가난을 시인하는 것이 부끄러운 일이 아니라 가난을 면하기 위해 실천적인 조치를 취하지 않는 것이 진정으로 부끄러운 일입니다.

남을 돕는 방법도 특이한데, 우리는 손익을 따져 보고 남을 도와 주는 것이 아니라 우리의 자유를 믿고 아무 두려움 없이 도와줍니다.

간단히 말해 우리 도시 전체가 헬라스의 학교입니다. 그리고 우리 시민 개개인은 인생의 다양한 분야에서 유희하듯 우아하게 자신만의 특질을 개발할 능력이 있다고 생각합니다. 내 말이 이 자리를 위한 공허한 수사가 아니라 실체적 진실이라는 것은 우리가 앞서 말한 자질들을 통하여 획득한 이 도시의 힘이 입증해 주고 있습니다.

현존하는 국가 중에 아테나이만이 막상 시험해 보면 그 명성을 능가합니다. 아테나이만이 쳐들어오다가 패배한 적군에게 자기들보다 못한 자들에게 졌다는 원한을 사지 않으며, 속국으로부터 지배할 가치가 없는 자들의 지배를 받는다는 불만을 사지 않습니다".[20]

페리클레스가 찬양한 아테나이의 장점들은, 다음과 같이 우리나라에도 대부분 적용된다.

---

20) 투퀴디데스 지음, 천병희 옮김, [펠로폰네소스 전쟁사], 도서출판 숲, 2017, pp. 166~172.

• 아테나이의 정체(政體)는 민주정치이다 : 대한민국은 자유민주주의를 택하였다.

• 법 앞에 만인이 평등하며, 능력에 따라 공직에 취임한다 : 대한민국도 법 앞에 만인이 평등하며 고시(考試)와 선거 등을 통해 능력에 따라 공직에 나아갈 수 있다.

• 휴식과 축제가 열리고 아름답게 꾸미고 즐겁게 산다. 국제무역으로 풍요롭다 : 한국인도 예부터 명절에 쉬며, 춤과 노래를 즐겼다. 해외무역으로 번영하게 되었고, 세계적으로 문화를 선도하게 되었다.

• 타고난 용기로 위기에 맞선다 : 대한민국도 침략을 당했을 때 모든 국민이 자발적인 용기로써 자유를 지켰다.

• 고상한 것을 사랑하며 부는 행동의 수단이다. 가난을 면하기 위한 실천적 조치를 취한다 : 한국인들도 체면을 중요시하며 부를 수단으로 생각한다. 가난을 면하기 위해 새마을운동을 하였고 열심히 일해왔다.

• 손익을 따지지 않고 자유로운 마음으로 남을 도와준다

: 한국인들도 이해관계를 떠나 세계 각처의 어려운 사람을 돕는다.

• 아테나이는 헬라스의 학교다. 도시의 힘은 명성을 능가한다 : 대한민국도 세계의 학교가 되었다. 군사력으로도 유수한 세계강국이다.

페리클레스의 연설처럼 아테나이는 오래전부터 민주정치의 장점들로 인해 강해져 왔다. 그리하여 이 연설보다 반세기 전에 그리스·페르시아 전쟁을 승리로 이끄는 데 크게 이바지할 수 있었다.

이후 아테나이 제국을 건설하고 운영할 만큼 번성하였다. 이제 기원전 431년에는 아테나이 제국에 도전하는 스파르테와 그 연합국들과의 펠로폰네소스 전쟁이 시작된다.

대한민국은 아테나이처럼 세계의 학교가 되었다. 전 세계가 한국기업과 거래하며 한국을 배우려고 하는 것을 보아서도 알 수 있다.

경영학은 20세기에 들어서야 본격적으로 시작된 학문 분야이고, 그 연구 대상은 주로 현대의 기업 운영에 관련된 것들이다.

그렇지만 과거부터 오늘에 이르기까지 기업에 해당하는 조직은 있어 왔고, 그 운영을 통해 생산활동이 이루어져 온 것은 사실이다.

우리나라 수천 년의 역사에도 그러한 조직의 창업가들은 활동을 이어왔다. 그리하여 과거부터 현재까지 경영 활동을 통해 부를 일구어 왔고 국가의 번영을 이끌어 왔다.

또 평민, 군인, 선비, 정부관리들도 그들의 정신에는 국가 발전과 국민 복리를 위하는 창업가 정신을 가지고 있는 경우가 많다.

그러한 기업 조직의 창업가, 평민, 군인, 선비, 정부관리들의 창업가 정신과, 그들의 한국 경영학은 한국인들의 삶과 DNA에 녹아있다.

그렇다면 우리 스스로가 한국의 경영학을 돌이켜보고, 경영을 리셋하기 위한 tip을 얻어 보자.

제 2 부

사업전략

제 1 장 애덤 스미스의 사업전략

제 2 장 최생의 효도 창업

제 3 장 신류의 승리 경영

제 4 장 허공의 목표 경영

제 1 장

애덤 스미스의 사업전략

창업가 정신, 그리고 경영학을 생각해 보았다.

세계의 학교가 된 대한민국의 위상을 되돌아보았다.

그러면 창업가가 선택할 사업전략, 기본적인 업종들에는 어떠한 것이 있을까?

[국부론]에서 애덤 스미스(Adam Smith, 1723~1790)는 네 가지의 업종을 제시했다.

"자본은 네 가지 방법으로 사용될 수 있다.

첫째, 그 사회의 해마다의 사용·소비를 위해 요구되는 천연생산물(rude produce)을 획득하는데 사용될 수 있다.

둘째, 그 천연생산물을 직접적인 사용·소비를 위해 가공하고 제조하는데 사용될 수 있다.

셋째, 천연생산물 또는 제조품을 그것이 풍부한 지역

으로부터 부족한 지역으로 운송하는데 사용될 수 있다.

넷째, 위의 상품들 각각을 그것을 필요로 하는 사람들의 그때그때의 수요에 맞게 작은 묶음으로 나누는데 사용될 수 있다.

첫째 방식으로 사용되는 것은 토지·광산·어업의 개량·개발을 행하는 모든 사람들의 자본이고,

둘째 방식으로 사용되는 것은 제조업자의 자본이며,

셋째 방식으로 사용되는 것은 도매상의 자본이고,

넷째 방식으로 사용되는 것은 소매상의 자본이다.

자본이 이상의 네 가지 방식 중 어느 하나에 속하지 않는 다른 방식으로 사용되는 경우를 상상하기는 쉽지 않다.[21]

[국부론]에서는 자본의 사용방법으로 농업 등 천연생산물의 획득. 제조업, 도매상, 그리고 소매상을 열거했다.

오늘날은 이것을 기본으로 하여 셀 수 없이 많은 업종이 발달하여 사업 선택의 종류는 다양성의 극치를 달리고 있다.

저자가 오랜만에 친구를 만나니, 아드님은 독어독문학과를 졸업하여 사업을 하고 있다고 한다. 직원 100명을 거느리고 있다고 하니 성공적인 사업인가 보다. 친구는 경제학과 교수

21) 애덤 스미스 저, 김수행 역, [국부론 상], 제2편, 제5장, 비봉출판사, 2007, pp. 441~442.

인데, 아드님의 업종은 들어도 알지 못하는 생소한 업종이라서 어떤 일 하는지 알아보려고 하지도 않는다고 한다.

한편, [국부론]에서 농업은 제조업에 비해 가장 유리하다고 소개되어 있다.

"같은 양의 자본으로서는 농업자의 자본만큼 많은 양의 생산적 노동을 활동시키는 것은 없다. 그의 노동하는 사용인뿐만 아니라 그의 노동하는 가축(역축)도 생산적 노동자이다.

또한 농업에 있어서는 자연이 인간과 더불어 노동한다. 그리고 자연의 노동은 아무런 비용도 필요로 하지 않지만, 그 생산물이 가치를 갖는 점에 있어서는 가장 많은 경비를 필요로 하는 직공의 생산물과 다를 바가 없다.

그러므로 농업에 사용되는 노동자와 역축은 제조업에서의 직공과 마찬가지로 그들 자신의 소비와 같은 가치, 바꾸어 말하면 그들을 사용하는 자본과 같은 가치를 그 자본의 소유자들의 이윤과 함께 재생산할 뿐만 아니라 그보다도 훨씬 더 큰 가치를 재생산하는 것이다.

그들은 규칙적으로 농업자의 자본과 그 모든 이윤 이상으로 지주의 지대를 재생산하는 것이다.

제조업에 사용되는 이것과 같은 양의 생산적 노동도 결코 그만큼 큰 재생산을 할 수는 없다. 제조업에서는 자연은 아무것도 하지 못하고, 인간이 모든 것을 하기 때문에 재생산의 양은 항상 그 재생산에 사용되는 요소의 강도에 비례하지 않으면 안 된다.

그러므로 농업에 사용되는 자본은 제조업에 사용되는 같은 양의 자본보다도 더욱 많은 양의 생산적 노동을 활동시킬 뿐만 아니라 그것이 사용하는 생산적 노동의 양에 대한 비율로 봐서도 그 나라의 토지와 노동의 해마다의 생산물에, 즉 그 나라의 주민의 실질적 부와 수입에 훨씬 더 큰 가치를 부가하는 것이다. 자본이 사용될 수 있는 모든 방법 가운데서 농업에 사용되는 것이 사회에 대하여 아주 최대로 유리한 것이다."[22)]

우선, 농업에는 많은 노동력이 투입된다. 그만큼 많은 일자리가 생긴다고 할 수 있다.

저자의 조부(祖父)님이 농사를 지으셨는데, 이야기를 들어서 짐작해 보면 자녀들 7남매로 이루어진 가족이 농사에 매진하고 새벽 일찍 일어나서부터 할 일이 있었다.

추가로 가축의 힘과 농기계의 작업이 투입되고, 그리고 무엇보다 중요한 자연력(自然力)의 힘으로써 농산물이 생산된

---

22) 애덤 스미스 저, 최호진 · 정해동 역, [국부론 상], 범우사, 제2편, 제5장, 1992. pp. 449~450.

다. 제조업은 노동 등 생산 요소에 의해 가치가 생산되지만, 농업은 자연력이 추가되어 보다 큰 가치를 부가한다.

농사도 요령껏 해야 함은 물론이다. [임원경제지 본리지 2]에 의하면 '때'와 '흙'을 알아야 한다.

"농사는 근본을 다스리는 일이다. 밥은 백성의 하늘이니, 하늘이 만들어낸 것을 주면 사람은 그 힘으로 먹고 산다. 힘을 써야 할 때를 놓치지 않으면 먹는데 곤궁하지 않다. 제때를 아는 것(知時 지시)을 우선순위에 두지 않으면, 1년 내내 바쁘기만 하고 고생할 뿐이다. 그러므로 제때를 아는 것이 가장 먼저요, 흙을 아는 것(知土 지토)이 그 다음이다.

때와 흙의 알맞음을 알고서 버려서는 안 되는 것을 쓰고, 때와 흙의 알맞음을 알고서 해서는 안 되는 것을 피한다면, 사람의 힘으로도 충분히 자연조건을 극복할 수 있다. 하지만 지혜가 힘을 뛰어넘지 못한다면 고생해도 효과는 없다."[23]

23) 서유구 지음, 정명현 · 김정기 역주, [임원경제지 본리지 2(林園經濟志 本利志 2)], 소와당, 2008, p. 28.

제 2 장

최생의 효도 창업

아우렐리우스의 제국 방위(防衛), 그리고 랜드의 생산적 노동은 창업가 정신과 통한다.

페이욜은 경영학의 정수(精髓)를 파악했고, 슈밥은 ESG 전략을 소개했다.

아테나이는 헬라스의 학교였는데, 대한민국도 세계의 학교가 되었다.

[국부론]은 자본의 사용방법을 제시했다.

우리나라의 경영에는 '효도(孝道)'가 등장한다는 특징이 있다. 단편(短篇) [귀향][24]에 나오는 최생(崔生)의 예가 있다.

최생은 부모 봉양을 위해 과거시험을 포기하고 창업에 나선다. 이를테면 효도 창업이다.

---

24) 이우성 · 임형택 편역, [이조한문단편집 1], "귀향(歸鄕)", 창비, 2018, pp. 19~26.

[귀향]은 이렇게 시작된다.

"최생은 [맹자]를 읽다가 '사지를 게을리 하여 부모의 봉양을 돌보지 않는 것은 하나의 불효니라'라는 구절에 이르러 책을 덮고 한숨을 내 쉬었다.

'내 실로 불효를 하는 것이지.'

하고는 붓과 벼루를 치우고 서책을 묶어서 쌓아두고 자기가 지은 원고들을 모아서 불태워버렸다."[25]

최생은 효도를 위해 과거를 포기한다. 양반으로서 과거를 포기하는 것은 대단한 각오이다. 오늘날에도 고시공부를 자발적으로 포기하는 것은 쉽지 않다.

저자가 오래전에 읽은 어느 '사법고시 합격기'는 가난한 집안의 아들이 절에 들어가서 수년 간 고시 공부를 하는 이야기다. 그리하여 영광의 합격을 하였다. 그러나 그동안 홀어머니와 누이동생은 극심한 가난에 시달렸다.

저자는 이 합격기를 읽은 당시 심각한 질문이 뇌리에서 떠나지 않았다. 사시에 합격하여 현달(顯達)의 길에 들어선다고 한들, 그것이 과연 전 가족의 고통에 보상이 될 수 있을까?

---

25) 위의 책

최생의 이야기는 계속된다.

"그리고 서가에 가득한 책은 친구에게 맡겨두고, 바로 다음날 집을 팔아서 5백 냥을 받아 부모를 모시고 처자를 거느리고 아이종 둘, 여종 셋과 함께 충청도 청주 고향으로 내려간 것이다. 그곳에는 제위답 10결과 초가집 7간에 노비가 10여 명을 헤아리고 소가 세 마리 남아 있었다.

최생은 노비들을 불러놓고서 약속을 하였다.

'내 너희들과 10년을 기약하여 전답 100결에 노비 100구(口), 말 100두, 소 100필하고 50간 집에서 날마다 만전(萬錢)의 비용을 쓰며 달마다 포목 300필을 소비하는 부자가 되겠다. 내 명령을 따르는 자에겐 일인당 100냥을 상으로 줄 터이지만, 따르지 않는 자는 의당 죽음을 면치 못하리라'"

"이에 최생은 5백냥을 내어 곡식을 매입하도록 하여 비축했다. 그해는 마침 충청도 지방에 대풍이 들어서 150전으로 벼 25두를 바꿀 수 있었고, 다른 곡식도 이에 준하는 값이었다. 이듬해 봄에 최생은 몸소 삽을 들고 논두렁에 나가 농군을 지도하여 2백석을 추수했다.

이해 역시 대풍이라 곡가는 지난해보다도 더욱 헐했다. 최생은 이에 제위답을 전부 팔아서 돈 3천냥을 받아 오곡을 사들였다. 지난해에 팔아들인 것과 합쳐 계산해 보니 곡식이 4천여석이나 되었다."[26]

창업에 자본이 필요한데, 다행히 500냥과 10여 명의 종, 그리고 전답 10결[27] 등이 형성되어 있었다.

최생은 10년 내에 부자가 되겠다고 선언한다. 처음 착수한 사업은 곡식을 매입하여 비축한 것이다. 그러니까 최생은 곡물상의 업종을 선택했다.

[국부론]은 곡물상의 장점을 이렇게 말한다.

"농부의 사업을 제외하고는 곡물상의 사업이, 만약 적절히 보호하고 장려해 준다면, 실제로 곡물 증산에 가장 큰 기여를 할 수 있는 사업이다. 곡물상의 사업은, 도매상의 업무가 제조업자의 업무를 뒷받침해 주는 것과 동일한 방식으로 농부의 업무를 뒷받침해 줄 것이다.

도매상은 제조업자에게 기성 시장을 제공하고, 제조업자가 재화를 만들자마자 그것이 그의 수중으로부터 벗어나게 하며, 어떤 때는 심지어 제조업자가 그것을 만들기도 전에 그 가격을 그에게 선대(先貸)함으로써 제조업자가 자신의 자본 전체를, 나아가 때로는 자신의 자본 전체보다 더 많은 것을 늘 제조업에 사용하고, 그리하여 자신의 재화를 소비자에게 직접 팔아야 할 때는 물론이고 심지어

26) 위의 책
27) 역자 주: 1결(結)은 나락 100짐(負)을 수확하는 넓이. 1짐은 100묶음.

소매상에게 팔아야 할 때보다도 훨씬 더 많은 양의 재화를 제조할 수 있도록 해 준다.

농부와 곡물상 사이에 위와 같은 거래관계가 전면적으로 수립된다면, 농부에게도 똑같이 이로운 효과를 가져올 것이다. 농민들은 자기의 자본 전체, 나아가 자기의 자본 전체보다 더 많은 것을 항구적으로 경작에 사용할 수 있을 것이다.

다른 어떤 직업에서보다도 농민들의 직업에서 일어나기 쉬운 돌발적인 사고가 일어나는 경우, 그들은 자신들의 일상적인 고객인 부유한 곡물상이 자신들을 뒷받침해 주는데 관심을 갖고 있고 또 그렇게 할 능력도 있다는 것을 발견할 것이고, 또 지금처럼 지주의 관용이나 그 관리인의 자비에 전적으로 매달리는 일은 없을 것이다."[28]

[국부론]에 의하면 곡물상은 곡물증산에 큰 기여를 할 수 있다. 이것은 도매상이 제조업자에게 기여하는 바와 같다.

곡물상인은 농산물을 즉시 팔아주니까, 농업자는 바로 현금화할 수 있다. 그리하여 다시 더 많은 자본을 경작에 사용할 수 있게 된다.

더 나아가 부유한 곡물상인이 농업자를 뒷받침해 준다면, 예를 들어 농사일에서 어떤 사고가 나더라도 든든히 의지할

---

28) 애덤 스미스 저, 김수행 역, [국부론 상], 제4편 제5장, 비봉출판사, 2007, pp. 648~649.

수 있다.

최생은 이러한 곡물상인의 길을 택하였는데, 다행히 처음 2년 동안 풍년이 들어서 4천여 석의 곡물을 확보하는 성과가 있었다.

최생은 이러한 성과가 있자, 바로 오늘날의 ESG[환경(Environment) · 사회(Social) · 지배구조(Governance)] 경영에 해당하는 미덕을 실천한다.

ESG 경영의 한 부분은, 사회에 관심을 가지고 노블레스 오블리주(noblesse oblige)를 실행하는 것이다.

세 번째 해에 흉년이 들어 네 번째 해 봄에 대기근이 들자, 최생은 기민 구제에 나선다. 그가 마을 사람들에게 하는 말은 이러하다.

"'허허! 모두 죽게 되다니…. 내게 양곡이 얼마간 있으니, 비록 약소하나 여러분을 구휼할 수는 있겠소. 우리 고장 사람이 전부 굶어죽는 것을 어찌 차마 보고 앉았겠소? 아무로부터 아무까지 식구의 다소와 호구의 대소를 기록하여 보여 주시오.'

그네들은 입을 모아 칭송하는 것이었다.

'이야말로 생불(生佛)이십니다.'

그들은 돌아가서 인근 사람들에게 알려 호구를 전부 기록하여 최생에게 바쳤다. 약정한 날짜에 기록된 5백여 농가의 1천3백여 구(口)를 모두 불러 곡식을 나누어주었다.

'여러분, 굶주림을 근심하지 말고 본업에 힘쓰도록 하시오.'

드디어 매월 호구에 따라 양식을 배급하여 주리지 않도록 했다. 소를 팔아 고삐를 놓친 농가에는 소를 사주고 농량(農糧)을 대주며, 또 5백여 농가에 오곡의 종자도 지급한 것이다. 그리하여 5백여 농가가 합심 협력하여 농사를 때맞춰 부지런히 힘쓰고 너나없이 솔선 권면하였다.

최생은 혼잣말로

'나도 작년에 수확을 하려다가 실농을 하고 말았지. 금년엔 잘 지어야 할 터인데 10결의 땅을 이미 팔아버렸으니, 마땅히 남의 땅을 많이 빌려 경작하여 소출의 반을 취하리라.'

하고 노비를 거느리고 들로 나가서 몸소 보살폈다. 이해에는 과연 풍년이 들어 수확이 매우 좋아서 땅주인과 나누었더니 소득이 100여 석에 이르렀다.

추수가 끝나자 그 고장 5백여 농가들에 공론이 돌았다.

'우리네 이 곡식은 모두 최씨 덕이라. 5백여 농가 1천 3백여 구가 올봄, 올여름 철에 열에 아홉 집이 비던 때 우리가 굶주림을 면하고 삶을 온전히 하여 부모 형제 처자식과 단란하게 지내며 앞들에서 노래 부르게 된 것은 누구의 은덕인가? 사람이 이같은 골육지은을 입고도 보답하기를 생각지 않으면 개돼지도 우리가 남긴 찌꺼기를 먹지 않을 것일세.'

(중략)

5백여 호 농민들이 이를 소와 말에 실어 꼬리를 물고 최씨 집 문전에 줄줄이 들어섰다. 최생이 어리둥절하여 무슨 영문인가 물으니, 그들은 '차차 말씀드립지요.' 하고 곡물을 바깥에다 쌓는 것이었다. 그리고 마을의 대표들이 들어와 뜰에서 나란히 절하며 아뢰었다.

'저희들이 받은 은혜가 태산 같은데 비하면 이까짓 곡식이야 터럭 한 낱입지요. 저희들은 지금 터럭 한 낱으로 태산을 갚는 격입니다.'

'대체 얼마를 가져왔소?'

'6만여 석입니다.'

'내가 굳이 묵적 같은 겸애[29]나 백이[30]같은 청렴을 지

29) 역자 주 : 묵적(墨翟) 즉 묵자(墨子)는 두루 사랑하라는 겸애(兼愛)를

키자는 것은 아니나, 6만석은 내가 여러분에게 드린 양곡에 비하면 열 다섯 배나 되는 것이오. 이건 조그만 미끼를 던져 큰 자라를 낚는 격이지.'

최생은 고사하고 받으려 하지 않았다.

'그렇지 않습니다. 지난번에 만약 4천석을 판매하셨다면 족히 4만냥을 받았을 것이요, 4만냥을 가지고 경향(京鄕)간에서 백가지 물화를 사들였다가 가을에 판매를 했다면 12만냥을 벌었을 것 아닙니까? 이 12만냥으로 지금 곡식을 사들이면 12만석이 되겠지요. 6만석은 12만석의 반입니다. 12만석을 취하지 않고 6만석을 취하시니 이것이 청렴이옵고 조금도 이해상관을 따지지 않고 굶어죽어 가는 동리 사람들에게 베풀어 주시고도 한마디 보답을 바라는 말씀이 없었으니 이것이 겸애이십니다.'

(중략)

'이 곡식을 안 받으시면 소인들이 노비로 자원하여 만에 하나나마 보답을 하겠습니다.'

'당신들 말이 그러하니 안 받을 수 없구려.'

이듬해 봄에 곡식을 방출하는데, 곡가가 한석에 150전

주장했다

30) 역자 주: 백이(伯夷)는 은나라가 망하자 동생 숙제와 더불어 수양산에 들어가 고사리를 캐먹었다

이어서 전부 9만냥을 받을 수 있었다. 가을에 다시 매입하여 9만여 석이 되었으며, 그 이듬해 봄에는 한석에 2냥을 쳐서 도합 18만냥의 돈이 된 것이다. 이후로부터는 돈이 워낙 많아서 곡식을 매입하기도 어렵고 곡식도 많아 역시 돈으로 바꾸기도 지난했다. 그래서 5백여호 중에 장삿속을 짐작하는 사람들에게 밑천을 대주어 장사를 시켰다.

10년 사이에 최생은 재화가 넘쳐흘러 애초에 노비들과 약조했던 대로 실행할 수 있게 되었다. 이에 노비들에게 상으로 각기 백냥을 주었다. 5백여 호의 백성들은 흉년이 들면 언제고 최생의 도움을 받았다. 이 이야기는 최생의 특히 아름다운 행적이다."[31]

최생은 모아 두었던 4천여 석의 곡식을 기근에 처한 주민들에게 나누어 준다.

이윽고 풍년이 들자, 마을 주민들은 은혜를 갚기 위해 6만석의 곡식을 모아서 가져온다.

최생은 이것을 기반으로 다시 곡물상인으로서 투자를 반복하여 10년만에 큰 부자가 될 수 있었다.

31) 이우성 · 임형택 편역, [이조한문단편집 1], "귀향(歸鄕)", 창비, 2018, pp. 19~26.

다시 정리하면,

- 최생은 부모 봉양을 위해 사업에 나선다.
- 곡물상 업종을 선택하여 4천여 석의 작은 성공을 거두었다.
- ESG경영으로, 기근에 처한 마을 사람들을 구해주었다.
- 풍년이 들자, 마을 사람들은 은혜를 갚으려고 곡식을 가져왔다.
- 이를 기반으로 다시 곡물거래에 나서 결국 10년 만에 큰 부자가 되었다.

[귀향]을 보면 효도는 한국 경영학에서 창업을 위한 하나의 동기가 됨을 알 수 있다.

오늘날 효도 창업의 사례로 정주영의 창업을 들 수 있다.

가난한 집안의 장남으로 부모의 사랑을 한 몸에 받은 정주영은 가출하여 창업에 나선다. 이것은 부모의 사랑을 갚으려는 효도 정신이 그 바탕이었다.

〈사례〉 H기업의 효도 창업

부모님의 축원과 큰형님 정주영

어머니에 대한 기억 중에서 가장 선명하게 떠오르는 모습 가운데 하나가 바로 하루도 거르지 않고 매일같이 산신령께 치성을 드리는 것이었다. 매일 밤 장독대 앞에 정화수를 떠놓고 연신 두 손을 비비며 소원을 비셨다.

어머니의 축원은 물론 우리 집안이나 가족 전체가 건강하고 잘되는 것이었지만, 특히 큰형님의 앞날에 대한 축수(祝手)에 큰 비중을 두었다.

"신령님께 비나이다. 우리 주영이 잘되게 해 주세요, 그저 우리 주영이 앞날을 보살펴 주사이다…."

옛날부터 우리 민족의 정서상 장자를 중시하는 것이 통상적인 관습이긴 해도 나머지 다섯 형제나 누님들은 제쳐두고 오직 큰아들의 안녕과 장도(壯途)를 비는 어머니의 모습은 편애에 가까웠다.

장남을 중시하는 가풍은 아버지도 예외가 아니라서 틈날 때마다 큰 형님에게

"너는 우리 집안의 장손이자 기둥이다. 집안의 기둥인 장손이 잘돼야 만사가 형통하느니라"는 말씀을 늘 강조하셨다.

이광수 소설 [흙]과 큰 형님의 가출

부모님의 극진한 사랑과 신뢰, 기대 속에 소학교를 다닌 큰형님은 가끔 아이들과 싸우는 바람에 1등을 놓치고 2등으로 졸업했다고 한다. 그리고 이듬해인 1931년 열 일곱의 나이로 처음 가출한 이후 1933년까지 모두 네 번 집을 나갔다고 했다.

큰 형님의 가출에 직접적인 동기를 제공한 것은 당시 동네에 과수원을 하는 부잣집에만 배달되던 D일보였다. 이 신문이 큰형님과 바깥 세상을 이어준 유일한 통로였던 셈인데, 특히 여기에 연재되는 이광수(李光洙)의 연재소설 [흙]에서 '뒷간에 사는 쥐는 변을 먹고 살고 곳간에 사는 쥐는 쌀을 먹고 산다'는 대목이 있었다.

사는 곳의 환경에 따라 인생이 좌우된다는 뜻을 담고 있던 이 말이 큰 형님을 직접적으로 자극했던 모양이다. 급기야 큰 형님은 고향에서 농사나 지으며 살다가는 평생 가난에서 벗어날 수 없다는 생각을 갖게 됐다고 한다.

가출 후 공사판과 부두 등지를 떠돌며 막노동으로 전전하던 큰형님은 한때 집안의 기대를 저버린 것으로 여겨졌고, 아버지는 직접 경성(京城)으로 큰 형님을 찾아가 '농삿일을 하며 집안을 돌보라'고 설득을 하시기도 했다. 그러나 큰형님은 막무가내였다.

형님이 가출할 때마다 아버지는 경성이나 평양으로 올라가 찾아내곤 했는데, 촌 양반이 큰형님을 쉽사리 찾을 수 있었던 것은 야간학교 몇 군데만 뒤지면 어김없이 거기 있었기 때문이다.

그러나 농삿일로는 결코 큰 뜻을 이룰 수 없다고 결심한 큰형님의 뜻을 굽힐 수는 없었고, 끝내 아버지도 단념하고 말았다.

큰 형님은 1934년 쌀가게에 취직하면서 처음 기반을 잡기에 이르렀고, 이후 아버지께 논을 사드릴 만큼 여유가 생기자 비로소 큰 형님의 가출은 '성공적인 모험'이었음이 입증되었다.

설날이나 추석같은 명절, 혹은 무슨 일이 있어 경성에서 내려오는 날이면 큰 형님은 일제 메이지 캐러멜을 몇 상자씩 사가지고 왔고 나는 동네 친구들에게 한두 개씩 나눠주며 은근히 어깨에 힘을 주곤 했다.

1940년 '아도 서비스'라는 이름의 자동차 수리공장을 설립하면서 사업 기반을 굳히기 시작한 큰 형님은 모든 가족이 경성으로 이사할 것을 권유했고, 아버지는 선뜻 따르셨다. 내 나이 열 네 살, 소학교 5학년 때였다.

첫 경성생활과 큰 형님의 입지(立志)

우리 집은 동대문구 신설동 탑골승방 앞에 있는 스무 평 남짓한 좁은 한옥이었다. 큰 형님이 사업으로 기반을 잡았기 때문에 먹고 사는 데는 큰 불편이 없었다.

한편 일제의 쌀 배급령에 따라 쌀가게를 그만두게 된 큰 형님은 그동안 모아 둔 밑천으로 1940년 초, 자동차 수리공장 '아도 서비스'를 차렸다. 큰 형님과 자동차와의, 나아가 우리 집안과 자동차와의 역사적 인연이 시작된 것이다.

당시 경성에 있던 승용차라고는 귀족들이나 조선총독부 국장들 소유의 10여 대, 도지사 1대, 경무부장과 일본군 사단장급, 그리고 몇몇 은행이나 큰 회사들이 보유하고 있던 차량 몇 대가 전부였다고 한다.

차가 귀한 시절이고 보니 고장났다 하면 모두들 어쩔 줄 모르고 당황하기 일쑤였으므로 가급적 빨리, 제대로 고쳐 주는 것이 최고의 서비스였다. 당시 여타 자동차 공업사들은 대부분 긴 시간을 잡고 수리했는데, 큰형님의 '아도 서비스'는 다른 데서 열흘 걸리는 수리를 단 사흘 만에 해주며 고객들에게 신용을 쌓았다.

그래서 빠른 시간 내에 몇 안 되는 경성의 승용차 차주들을 단골 고객으로 만들 수 있었다고 한다.

태평양전쟁을 일으켜 스스로 파국으로 치닫던 일제가 1943년 초 기업 정비령을 공포하자 큰 형님은 아도 서비스를 폐쇄하고 말았다.

궁리 끝에 큰 형님은 수리공장할 때 알았던 한 광산의 사장에게 부탁해서 황해도 수안(遂安)에 있는 홀동 광산에서 광석 운반업을 시작하였다.

세 분 형님이 일하던 광산은 황해도 수안군에 있었으므로 2년 동안 형님 가족들과 떨어져 살아야 했다.

큰 형님은 광복 직전에 새로 부임해 온 소장이 유별나게 아니꼽게 굴자 징용의 위험도 무릅쓰고 미련없이 광산을 떠났는데, 그것이 전화위복의 계기가 되었다.

불과 몇 달 뒤 우리나라는 광복을 맞았는데, 만일 그때까지 광산에 그대로 머물러 있었으면 다른 일본인들과 함께 소련군에게 잡혀 시베리아로 끌려갔을지도 몰랐기 때문이다.

'현대' 역사의 시작 – H자동차공업사

광복을 맞으면서 우리 집은 다시 분주해졌다. 큰 형님이 광산에서 벌어온 돈으로 성북구 돈암동 경동중학교 앞에 있는 큰 집을 마련하여 이사를 했다.

아울러 큰 형님은 그동안 우리 식구가 살던 신설동 집을 팔아 초동에 다시 자동차 수리공장을 차렸는데 그것이 바로 'H자동차공업사'였다. 지금은 동부자동차보험 빌딩이 서있는 자리로 1946년 4월, 내 나이 열 아홉 살 때였다.

회사 설립 후 큰 형님은 미군 병기창의 자동차를 청부 수리하거나 낡은 일본 트럭을 용도에 따라 변경하는 등 자동차와 인연을 맺어갔다. 중구 초동 500여 평 대지의 공장 규모자체가 과거 '아도 서비스' 시절과는 비교할 수 없을 정도로 방대해져서 손님들이 연일 끊이지 않았다.

이즈음 아버지가 병으로 돌아가셨다. 광복이 되자 큰 형님은 모든 친인척이 다 모여 사는 고향에서 사흘 밤낮으로 아버지 환갑잔치를 해드렸는데, 그렇게 큰 상을 받으시더니 1946년 기어이 세상을 뜨시고 만 것이다.

한편 자동차 수리업을 하면서 큰 형님은 또 다른 사업을 구상하기 시작했다. 당시의 자동차는 트럭이든 승용차든 거의가 정부 소유의 관용차였는데, 이따금 관청으로 수리대금을 받으러 갈 때마다 토건업자들을 만난 것이 바로 새로운 사업을 구상하게 한 직접적인 계기가 됐다.

힘들여 일하기는 마찬가진데 그들이 받는 돈은 큰 형님이 받는 돈의 수십 배나 되는, 다시 말해서 단위부터 다른 거액이었다. 이후 큰 형님은 하루 종일 자동차 몇 대 수리해 봐야 큰 돈 벌기 어렵다는, 그러니까 뭔가 '큰일'을 벌여야겠다는 생각을 하게 되었다.

이같은 구상은 'H자동차공업사' 설립 1년 만인 1947년 5월, 회사 내에 'H토건사'라는 또 다른 간판을 내걸면서 구체화됐다.

후일 'H건설'의 모체가 된 이 회사는 처음에는 H자동차공업사 한 귀퉁이를 빌려 쓰는 더부살이로 시작했지만, 시간이 지날수록 자동차 공업사보다 수입이 월등히 나은 효자노릇을 하기 시작했다. 큰 형님의 예상대로, 잔돈푼이나 들어오는 공업사와는 비교도 안될 만큼 수익이 컸던 것이다.

25세 나이에 '아도 서비스'를 차려서 특유의 사업수완을 발휘한 큰 형님에게는 분명 남다른 사업가 기질이 있었다.

비록 위험이나 손해가 따르는 일이라 할지라도 자신이 옳다고 여기면 미련없이 실행에 옮기는 결단력, 그리고 더 큰 이익이 보장되는 사업을 선택하는 선견지명이 그랬다.

이후 정부에서 실시하는 국가 시험에 합격하고 나자 가장 기뻐한 분이 바로 큰 형님이었다. 살아 계셨다면 어머니도 분명히 크게 기뻐하셨을 텐데, 중풍으로 오랫동안 고생하시던 어머니는 1953년 11월에 그만 세상을 뜨시고 말았다. 유학시험을 모두 통과하고 나자 비로소 여권이 나왔다.[32]

32) 정세영, [미래는 만드는 것이다], 행림출판, 2000, pp. 26~50.

제 3 장

신류의 승리 경영

창업가 정신과 경영학 그리고 한국 경영학에 대해 생각해 보았다.

[국부론]은 기본적인 업종들을 소개하였다.

[귀향]에서 최생은 효도를 동기로 창업하여 곡물상인으로 성공한다.

창업가에게는 필히 승리할 것이라는 자신감이 필요하다. 그런 의미에서 신류 장군의 해외원정 기록을 읽어 보자.

신류 장군이 기업인은 아니었지만, 그의 활약상은 당시의 창업가들에게 자신감을 주기에 충분하였다. 또 역사에 남은 그의 원정은 오늘에 이르기까지 한국의 창업가 정신에 긍정적인 영향을 미치고 있다.

러시아 정벌에 대해 신류의 [북정록(北征錄)]은 이렇게 시작된다.

"북쪽 바닷가에 오랑캐 도적 떼가 있는데, 그 소굴이 어느 곳에 있는지 모른다. 그들은 배를 집으로 삼아 흑룡강 상·하류를 오르내리면서 왈가(曰可)[33] 지방을 노략질하고 있었다.

청나라 사람들이 여러 차례 싸웠으나 모조리 패했다. 갑오년(甲午年 효종 5, 1654)에 처음으로 우리나라에 와서 구해 달라고 요청했으며[34] 최근에 다시 도와달라고 요청했다.

조정에서는 어쩔 수 없이 북우후(北虞候)[35]로 하여금 병사를 거느리고 출정하라고 특명을 내렸다."[36]

최근에도 러시아는 2022년 2월에 우크라이나를 침공하였다. 전황에 대한 보도는 이러하다.

"블라디미르 푸틴 대통령은 2022년 7월 7일에 '우크라이나에서 전쟁은 아직 제대로 시작도 하지 않았다'며 '서방의 말대로 마지막 우크라이나인까지 러시아와 싸우려한

33) 역자주: 송화강 하류, 흑룡강 중·하류, 우수리 강 유역 일대 토착민의 생활공간.

34) 역자 주: 1654년에 변급이 이끌고 출정한 제1차 나선정벌.

35) 역자주: 우후는 종3품 무관직으로 정식 명칭은 병마우후. 함경도를 남과 북으로 나눠 두 명의 우후를 두었는데, 북병영우후가 북정록의 저자 신류였다.

36) 신류 지음, 계승범 옮김, [북정록], 서해문집. 2018. p. 23.

다면 그렇게 해보라'고 말했다.

푸틴의 이같은 협박에 블로디미르 젤렌스키 우크라이나 대통령도 강경한 입장으로 맞섰다. 젤렌스키 대통령은 같은날 미국 CNN 인터뷰에서 '전쟁을 끝내기 위한 러시아와의 외교협상에 우크라이나 영토를 양보하는 주제는 포함되지 않을 것'이라고 말했다.

유엔난민기구(UNHCR)는 2022년 7월 6일 '러시아 침공 이후 우크라이나를 떠난 난민이 879만 명에 달한다'며 '돈바스 지역전투가 거세지면서 난민수가 금세 900만 명을 돌파할 수 있다'고 전망했다." (조선일보 2022.7.8.)

"벤 월러스 영국 국방장관은 2022년 8월 11일 덴마크 코펜하겐에서 열린 우크라이나 지원국가들의 회의인 '코펜하겐우크라이나2022'에서 러시아의 침공이 '흔들거리고' '패배하기 시작했다'고 평가했다고 〈로이터〉통신 등이 보도했다. 이 회의에서 주최국인 영국과 덴마크 등 26개 참가국들은 우크라이나에 15억유로의 추가적인 군사·경제적 지원을 하기로 합의했다."(한겨레 2022.8.12.)

과거 360여 년전의 침략은 [북정록]에 잘 기록되어 있다. 무술년(戊戌年)(효종9, 1658)에 러시아는 청을 침공하여 왈가 지방을 노략질했고, 청은 몇 번 전투에서 패했다.

여러 번 패했으니 사기가 떨어져 싸울 수가 없었을 것이다. 그래서 조선에 원군을 요청한 것이다.

전장에서는 소수의 구원군도 큰 힘을 발휘한다. 이것은 육상 경기에서 0.1초 차이로 승리하는 것과 같은 개념이다. 소수라 하더라도 구원군은 적군에게 두려움을 주고, 아군의 사기를 충천시킨다.

조선의 구원군이 출정하게 되는데, [북정록]은 이렇게 계속 된다.

"교지가 내려왔으므로 함경도의 포수들을 엄격하게 선발했다.

길주 서른다섯 명, 명천 열여섯 명, 경성 스물두 명, 부령 열세 명, 회령 스물여섯 명, 종성 스물다섯 명, 경원 스물세 명, 온성 서른 명, 경홍 열 명으로 모두 200명이었다.

화병(火兵) 스무 명, 초관(哨官) 두 명은 신성일과 박세웅, 군관(軍官) 두 명은 박대영과 유웅천, 통사(通事) 두 명은 김명길과 엄애남, 수솔(隨率) 서른여덟 명, 쇄마구인(刷馬驅人) 서른아홉 명이 모든 준비를 끝내고 출정을 기다렸다."[37]

정리하면 조선군은,

함경도의 포수 200명(66%),

화병(역자주 : 불을 다루는 병사로, 대개 식량과 취사를 담당) 20명(7%),

37) 신류, 앞의 책, pp. 23~25.

초관(다섯 명으로 구성된 1초를 지휘하던 종9품 무관직) 2명(1%),

군관(장교) 2명(1%),

통사(통역) 2명(1%)

수솔(잔심부름을 하는 병사) 38명(13%),

쇄마구인(관용 말인 쇄마를 부리며 짐바리를 싣고 내리는 사람) 39명(13%),

총병력은 신류 포함 304명(100%)이다. (그림 2)

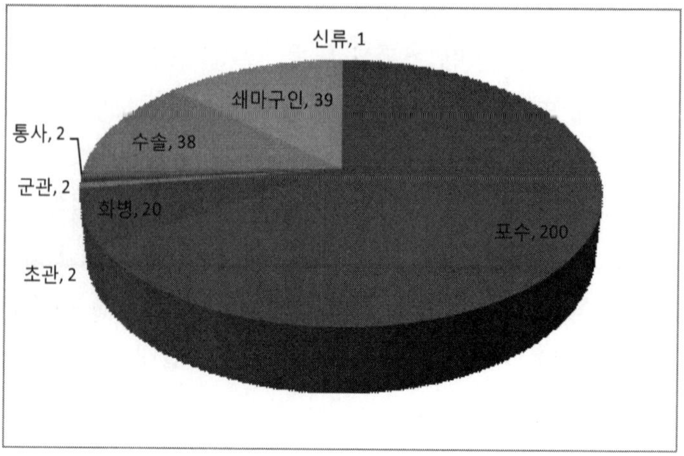

[그림 2] 제2차 나선정벌 조선군의 병력 구성 (총병력 304명)

출정 기록은 서기 1658년 4월 6일자로 시작된다.

"**효종9 무술년** 1658 4월 6일, 맑음

회령부로 가서 군사들을 점검하고 사열했다. 이어서 조

총을 시험 발사했는데 맞힌 자가 쉰한 명이었다.

효종9 무술년 1658 5월 2일, 맑은 후 저녁에 잠시 비가 왔다.

진시(辰時 오전7~9시)에 두만강을 건너 고라이령(古羅耳嶺)을 넘어 법순(法順)에서 숙영했다.

효종9 무술년 1658 5월 6일, 맑음

아미단(阿彌壇)에서 아침을 먹고 나한령(羅汗嶺)을 넘어 술가도군(戍可道君)에서 숙영했다. 이날은 후춘(厚春)에서 머물다가 영고탑(寧古塔)[38]으로 돌아가는 자와 마주쳐서 물어보니, '오늘은 정말로 출동하는데 대장(大將) 한사람은 조선군을 기다리는 일 때문에 뒤처져 머물러 있다'라고 말했다.

효종9 무술년 1658 5월 10일, 비

아침 일찍 청나라 장수 한 명이 나와 성문 밖에 군사들을 정렬시키고 있었다. 이들과 함께 빗줄기를 무릅쓰고 함께 30여리를 행군하고 힘들게 조반을 지어 먹었다. 오후에 전문(前門)에 도착하니, 대통관 등은 이쪽 가에 장막을 쳐 놓았으며, 대장은 저쪽 가에 주둔하고 있었다. 통관 모두와 함께 대장 막사로 건너가 통관들이 이끄는 대로 뜰 가운데에 서서 상견례를 실행했으며, 다시 차례를 베

---

38) 역자주: 지금의 헤이룽장성 무단장시 닝안현. 17세기 중반 당시 영고탑에는 청나라 군대의 사령부가 있었다.

풀고 마쳤다.

효종9 무술년 1658 5월 11일, 맑음

조선 포수 200명은 청나라 팔고산(八高山)에서 각각 스물네명씩 나누어 통솔했으며, 대통관 등도 스무 명을 거느렸다. 나머지 여덟 명은 이초(二硝)에 나눠 배속시켰다. 이날은 군량미와 짐바리를 배편에 나눠 실었다."[39]

이처럼, 신류의 병력은 효종9 무술년 1658 4월 6일에 군사를 사열하고, 5월 2일에 두만강을 건너 북쪽으로 행군한다.

그리하여 5월 10일에 청군의 사령부가 있는 영고탑에 도착하여 5월 11일에 조청 연합군이 편성된 것이다.

청군의 전투선 규모는 이러하다.

"**효종9 무술년** 1658 6월 2일, 맑음

송가라강(宋加羅江, 송화강) 어귀에 머물렀다. 저녁에 상류에서 전투선이 와서 정박했다. 도원수와 부원수가 타는 상선(上船) 네 척은 배 모양이 우리나라 전투선과 같다. 모두 판옥(板屋)을 둘렀는데, 지붕만 없을뿐 단청으로 단장한 배는 사치스럽고 화려했다. 만듦새는 단단하고 촘촘해, 우리나라 배처럼 거칠고 엉성하지 않았다. 중대형

---

39) 신류, 앞의 책, pp. 26~36.

배는 서른여섯 척인데 상선보다 조금 못했다. 중소형 배는 열두 척으로 우리나라 병선과 같은 구조며 돛은 모두 하얀 무명으로 깃발을 만들어 매우 선명했다.

대체로 지난해 8월부터 공사를 시작해 올해 4월에 끝냈는데, 장인은 모두 한인(漢人)으로 인원수는 600명이며, 노젓는 일도 같이 맡았다고 한다. 크고 작은 포들은 50좌이며 포수는 100명이라고 한다."[40]

이처럼 청군의 전투선은 상선 4척, 중대형 36척, 중소형 12척으로 총 52척의 규모이며 노젓는 사람 600명과 포수 100명 등이 포함된다.

이번 전투의 배경이 되는 송화강과 흑룡강은 이러하다.

송화강(松花江)은 지금의 쑹화강이다. 백두산 천지에서 발원한 총길이 1,960 km의 강으로 북쪽으로 흘러 지린성과 헤이룽장성을 관통하여 흐르다가 중국과 러시아의 국경인 흑룡강으로 들어간다.

흑룡강(黑龍江, Amur River)은 몽골 북부의 오논강에서 발원한 총길이 4,352 km의 강으로, 동쪽으로 흘러 오호츠크해(태평양)로 들어간다.[41]

조청 연합군의 전투선은 송화강 하류로 내려가서 흑룡강

40) 위의 책, p. 50.
41) 위의 책, p. 23, 38.

어귀로 들어간다. 그리하여 흑룡강 하류쪽으로 20여 리를 내려가서 전투가 벌어진다.(그림 3. 송화강과 흑룡강)

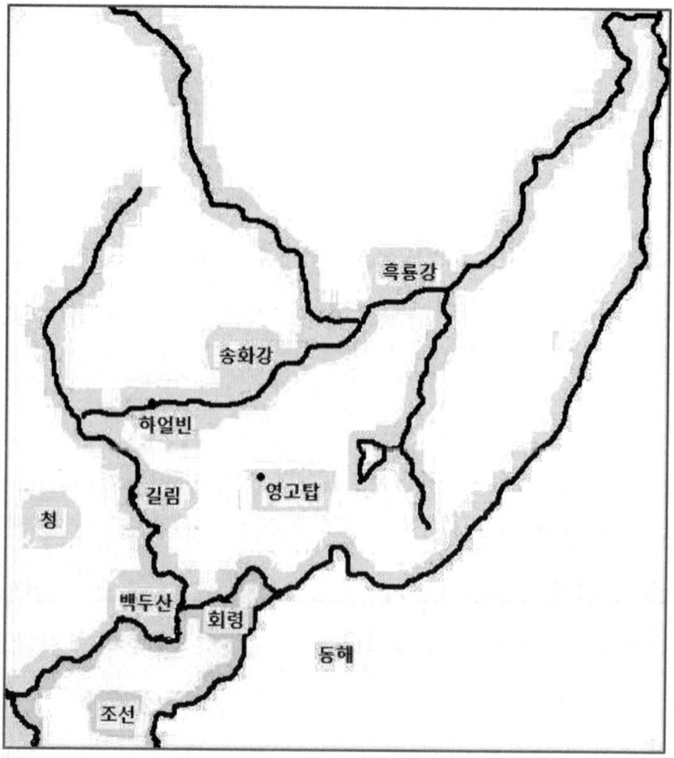

[그림 3] 송화강과 흑룡강

저자는 1999년 8월에 중학생 아들과 더불어 고등학교 동창팀의 백두산 등정에 참여했다. 연길(延吉)시를 흐르는 송화강에서 조상들의 발자취를 생각하며 잠시 감격했던 기억이 새롭다.

조청 연합군의 러시아군에 대한 공격은 서기 1658년 6월 10일 아침에 시작되어 밤이 되어서야 끝난다. 6월 10일의 기록은 전투의 경과를 상세히 보여준다.

“**효종9 무술년** 1658 6월 10일, 저녁에 보슬비가 내렸다.

이른 아침에 열벌 마을을 떠나 흑룡강 어귀를 지나 20여 리쯤 내려가니, 적선 열한 척이 닻을 내리고 강 가운데에 주둔하고 있었다.

모든 배가 노젓기를 재촉해 적선을 향해 곧장 다가가자, 적선은 돛을 올리고 하류로 10여 리를 달아나 강가 언덕에 의지해 배들을 연결시켜 놓았다. 적의 병사들은 판옥위에 올라 관망하면서 정찰하고 있었다.

모든 배가 번갈아 들락날락하면서 적선과의 거리가 한 마장쯤 떨어졌을 때 일제히 대포를 쏘면서 교전에 들어갔다.

적선도 대포를 쐈는데, 이같은 전투가 몇차례 이어졌다. 후영, 전위, 중군의 모든 배가 일시에 곧바로 공격에 임했다. 대포를 쏘면서 총탄과 화살도 빗발치듯 발사하니 전세는 숨가쁘게 돌아갔다.

적의 병사들은 판옥 위에 있다가 우리가 쏘는 대포를 대적해낼수 없자, 모두 판옥 아래로 숨어들거나 배를 버리고 달아나 풀숲 속에 숨기도 했다.

모든 배가 적선을 에워싸면서 쇠갈고리로 끌어당겨 적선에 바짝 붙으면서, 사수와 포수가 함께 적선위에 뛰어올라 배 한 척을 불태우는데, 대장이 불태우지 말라고 분부했다.

사수와 포수는 수풀 속을 향해 총탄과 화살을 셀 수 없이 쐈다. 수풀속에 숨어 엎드린 적들도 대포를 쏴댔다.

이때에 아군과 청나라 병사도 약간의 사상자를 냈다. 적선을 단번에 불태워 버렸다면, 적은 사람인지 짐승인지 구분을 못할 정도로 전멸시킬 수 있었을 것이고, 아군도 손실이 없었을 것이다. 적선을 불태우지 말라는 분부는 대장이 재물을 탐하는 마음에서 나온 것이다.

사수와 포수들이 본래의 배로 돌아와 적선을 에워쌌다. 이때 적군과 아군의 거리는 한걸음도 되지 않았는데, 적들이 판옥 아래의 포혈(砲穴)에서부터 연속으로 포를 쏴, 우리 배에서 총탄에 맞아 죽거나 다친 자가 매우 많았다.

길주의 윤계인과 김대충, 부령의 김사림, 회령의 정계룡, 종성의 배명장과 유복, 온성의 이웅생 등 일곱 명은 총탄에 맞아 그 자리에서 죽었다. 갑군과 사공들도 죽거나 다치는 자가 속출했다.

이에 급히 불화살을 쏴 적선 일곱 척을 잇달아 불태웠다. 날이 이미 저물어 가자 배 세 척더러 닻을 내려 파수(把守)하도록 하고, 나머지 배들은 건너편으로 돌아와 정박하고 배를 잇대어 밤을 새웠다.

애당초 아군이 다퉈가며 적선에 뛰어오를 때에 명천 포수들이 탄 배의 사수와 포수는 배를 비우고 모두 적선에 뛰어올랐는데, 언덕에 내렸던 40여 명의 적병이 그 배를 빼앗아 강가를 따라 상류로 끌고 올라갔다.

이에 후영의 모든 선척이 일시에 곧바로 뒤좇았다. 내가 탄 배도 앞장서서 돌진했다. 우리 모든 선척이 그 배를 물고기 꿰듯 에워싸니, 줄을 매어 배를 끌고 가던 적병들은 달아나 숲속으로 숨어들었다. 청나라 갑군들이 배에 뛰어올라 적병 40여명을 활로 쏘고 칼로 베어 죽였다.

적선은 본디 열한 척이었는데, 일곱 척이 불에 타 버렸고 네 척만 남았다. 대장이 배에 실린 재물과 보화를 탐내 화공을 꺼린 데다가, 날마저 저물었기 때문에 배 세 척더러 파수하도록 했다.

밤이 깊은 후에 네 척의 적병들은 모두 한 척의 배에 모여 타고 달아났다. 파수하던 배는 칠흑같은 밤이어서 뒤좇을 수 없었다.

이날 회령 포수 서계수, 박춘립, 이두남, 종성의 박희린, 길주의 박진생, 박승운, 박승길, 부령의 관노비 충성과 정중립, 회령의 정보원, 온성의 이충인, 경흥의 남사한, 김대일, 경성의 나잇동, 명천의 김계승 등이 총탄을 맞아 중상을 입었다.

회령의 김일남과 전사남, 종성의 신경민과 박소봉, 부령의 정옥, 길주의 장솟지, 장승립, 김옥지지, 양득앵, 박기련, 부령의 관노비 애충 등도 총탄에 맞았으나 중상까지는 이르지 않았다.

적선에 타고 있던 왈가 여자 포로 100여 명이 강가 언덕에 올라 살려달라고 부르짖어 곧바로 거두어 들였다.

그 나머지 적의 무리들은 배 속에서 불에 타 죽거나 강가 언덕에 뛰어내렸지만, 총탄과 화살에 맞아 죽은 시체들이 서로서로 베고 누워있거나 깔고 엎드려 있었다."[42]

대단히 격렬한 전투였다.

서기 1658년 6월 10일 이른 아침에 조청 연합군은 송화강을 내려가서 흑룡강으로 들어갔다.

러시아 전투선 11척을 만났는데, 이들은 전투선 숫자로도 열세이므로 강가 언덕에 의지해 기다린다. 옥쇄를 각오하고 저항해보겠다는 의지인 셈이다. 공격을 개시했다.

적선을 쇠갈고리로 끌어당겨 사수와 포수가 뛰어올라 공격했다. 적군 일부는 육지로 달아나기도 했다.

적선을 불태우지 말라는 대장의 명령으로 아군 피해가 다수 발생했으므로, 결국 불화살로 러시아 전투선 일곱 척을 불태워버렸다.

---

42) 신류, 앞의 책, pp. 54~56.

밤이 되어 전투가 중지되었는데, 러시아군은 네 척이 남았다. 러시아 패잔병들은 칠흑같은 밤을 타고 배 한척에 모여서 달아나 버렸다.

대승이었다! 왈가 여자 포로 100 여명도 구하였다.
인명피해는 이러하다.

"**효종9 무술년** 1658 6월 16일, 맑음
머물러 숙영하는 곳에서 이날 고산(高山)[43] 한 명을 먼저 앞서 보내 북경에 승첩을 전하는 보고를 올리도록 했다.
전사한 우리 조선인 포수 여덟 명과 중상을 입은 포수 스물여섯 명의 이름도 그 보고문 속에 모두 들어있으며, 중상을 입은 포수는 일일이 자세히 살펴 경중에 따라 다섯 등급으로 나누어 결정했다.
저들의 갑군과 사공(沙工)의 사상자도 같은 기준으로 처리했다. 갑군 전사자는 90여 명이고 사공 전사자 30여 명인데, 총탄에 맞았으나 죽지 않은 자가 200여 명이라고 한다."[44]

조선군 304 명은 혁혁한 전과를 거두었으나 윤계인 등 여덟 명이 전사하였으니 3%의 인명손실이었다. 그 외에 서계

43) 청나라의 군사조직, 8기(旗)
44) 신류, 앞의 책, p. 61.

수 등 26명(9%)이 중경상을 입었다.

한편, 러시아인에 대한 묘사가 재미있다.

> "**효종9 무술년** 1658 6월 12일, 보슬비가 내리고 세찬 바람이 불었다
>
> 적병의 얼굴 생김새와 머리카락은 남만인(南蠻人)[45] 과 아주 닮았는데, 얼굴 생김새는 남만인보다 모질고 사나왔다. 남만인이 아니라고 할지라도 반드시 남만과 가까운 이웃의 오랑캐일터다. 대통관 이몽선은 이들이 바로 오로소 차한국인((吳老素 車漢國人)[46]이라고 말했지만, 차한은 이전에 들은 적이 없는 나라이기에 또한 그게 맞는지는 알 수 없다."[47]

이처럼 조선인에게 비친 러시아사람의 인상은 모질고 사나왔다.

이미 언급되었지만, 청군은 이전부터 번번이 러시아군에게 패하였다. [북정록]은 이를 다시 지적한다.

> "**효종9 무술년** 1658 6월 13일, 흐림
>
> 이전부터 청나라 사람들은 이들 적과 세 차례나 크게

---

45) 역자 주: 남쪽에 사는 이민족, 근세 이후에는 서양인

46) 역자 주: 오로소는 러시아의 음역. 차한국인은 차르(Tsar)의 신민이라는 의미

47) 신류, 앞의 책, p. 57.

싸웠다. 한 번은 100여 명이 총탄에 맞아 전사했고, 다른 한 번은 400여 명이 총탄에 맞아 전사했으며, 마지막 한 번은 각각의 고산(高山)이 겨우 네댓 명만 살아 남았다.

지난해에도 고산 세 명이 전사했는데, 중상자는 그 수를 모른다고 한다. 그래서 이 적들이 걱정거리가 돼, 이러한 극한까지 온 것이다.

이번 전투에서 전사자가 많이 발생했지만, 그래도 승전에 고무되지 않은 청나라 사람은 없었다. 왈가와 견부락 사람들은 적들의 죽은 시체를 샅샅이 찾아내 조각조각 베고 뼈마디를 끊어 버렸다."[48]

이처럼 과거에 청군은 세 차례나 러시아에 대패하였다. 그러나 조선군은 러시아를 만나면 이겼다. [북정록]은 이러하다.

"**효종9 무술년** 1658 5월 20일, 맑음

갑오년에 아군이 정벌했을 때 비록 적병과 여러 차례 교전한 일은 없었으나, 저들 적은 견디지 못해 많은 사상자를 내고 달아나 버렸다.

이 때문에 그 후에 적들이 '머리 큰 사람들(大頭人 대두인)이 매우 두렵다'라고 말하기에 이르렀다.

이른바 머리 큰사람이란 우리나라 군사 모두 털벙거지(毛笠 모립)를 쓰고 있기 때문에 나온 말이라고 한다."[49]

---

48) 신류, 앞의 책, p. 59.
49) 위의 책, p. 41.

이처럼 러시아인은 조선군을 당하지 못하고, 털벙거지를 쓴 조선군을 무서워하게 되었다.

조선군이 가담하였으므로, 조청 연합군은 승리할 수 있었다.

현재 러시아와의 전쟁은 생각하기 어렵다. 그런데 17세기의 조선군은 러시아 전투선을 불태우고 무찔렀으니 실로 대단한 일을 한 것이다.

오늘날 자유시장경제의 경쟁 환경은 총성없는 전쟁이나 다름없다. 나선정벌에 나섰던 조선사람들의 기개와 강인함은 오늘날의 한국 창업가에게 긍정적인 영향을 준다.

세계를 상대로 한 경쟁에서 승리 경영을 구현하고 있는 S 기업의 경우를 보자.

〈사례〉 S기업의 승리 경영

1991년에 냉전은 끝났다. 베를린 장벽은 1989년에 무너졌다. 그리고 Lee II(이건희 회장)는 그의 집에 홀로 있을 때, 삼성(Samsung)이 솟아오르는 국제적 호황에 발 맞추는 데에 실패하고 있다는 것을 인식했다.

"그러한 상황에서도, 삼성에는 위기의식이라곤 없었다"고 Lee II는 썼다. 삼성은 해당 분야에서 일등이라는 잘못된 믿음 아래 허둥대고 있었다.

회장은 그것이 불길하다는 것을 알고 있었다. 삼성이 그의 생각에 대해 발간한 한 책자에 의하면, 1세기 전에 한국의 지도자들은 외국인들의 도래에 저항하면서(얼마간은 처형하기도 하고) 그들의 고립된 봉건왕국을 고수하려고 하였지만, 단지 그들의 왕국이 포함들에 의해 굴처럼 비집어 열리고 그리하여 일본에 의해 합병되어 반세기동안의 식민지로 굴러 떨어졌었다.

세계는 다시 그러한 상태에 직면하고 있다고, Lee는 확신했다. 국경들은 열리고 있고, 무역은 증가하고, 그런데 아직 고립된 반도에 있는 남한(South Korea)은 다시 한번 외국인들 - 이번에는 IBM, Microsoft, Motorola, 그리고 Sony 등의 국제적 회사들 - 에 의해 으깨어지기 취약하다.
Lee는 삼성이 남한에서는 일등 회사일 수 있지만 국제 기준에는 아직 약하다는 것을 알았다.

"1992년 여름부터 겨울까지, 나는 불면증에 시달렸다"고 Lee는 썼다. "나는 삼성이 한 두 개의 사업을 실패하는 정도가 아니라, 아주 말라 죽어 버릴 것처럼 절망감을 느꼈다. 그 시절에는 4시간 이상을 자본 적이 없다. 보통 세 조각의 불고기(bulgogi, 양념장에 재운 소고기 혹은 돼지고기)는 먹어야 하는 왕성한 식욕 대신에, 나는 하루 한 번의 식사만으로 버텼다. 그 해에 나는 10 kg 이상 몸무게가 줄었다."

그리고 그 후에 그는 은둔처에서 나왔다.[50)]

2016년 4월 29일에, 나(Geoffrey Cain)는 켐핀스키 호텔(Kempinski Hotel Frankfurt Gravenbruch)의 (Lee II)회장의 특별 객실 312호를 방문했다. 이것은 장대한 2층 객실(duplex)로서 삼성 텔레비전이 갖추어져 있고 프랑크푸르트(Frankfurt)의 한 연못을 내려다보고 있었다. 지난 세월 동안, 이곳은 삼성으로서는 거의 성소(a holy site)가 되어왔다.

회장은 어떤 이유에서 - 프랑크푸르트는 산업의 중심이고 켐핀스키 호텔은 조용한 곳이므로 이곳을 택했다. 공기가 신선하고 근처에 숲이 있어서 이곳은 내성(內省)의 쉼터였다.

"삼성에서는 수년 전에 기록영화를 만들려고 촬영 팀을 보냈지요", 나의 호텔 가이드는 말해 주었다. 삼성의 중역들은, 내가 나중에 알게 된 것인데, 순례를 위해 가끔 방문하였다.

우리는 아래층으로 가서 바이에른의 사냥 오두막 풍으로 장식된 로비로 내려갔다. 가이드는 주 회의실의 문을 열었는데, 이곳은 삼성의 혁명(Samsung's revolution)으로 알려지게 될

50) Cain, Geoffrey, *Samsung Rising*, Currency, Random House, New York, 2020, pp. 80~81.

어떤 것이 개최된 곳이다.

호텔은 수리가 진행 중이어서, 그 장소는 내가 방문했을 때 역사적으로 완전히 정확하지는 않았다. 그러나 나는 경외심을 가지고 그 회의실에 섰다. 이곳이 삼성 내에서의 급격한 경영 변신(managerial transformation)의 시동이 걸린 연설의 장소이다. 그것은 기술의 세계를 재정의(再定義)하는데 도움을 줄 순간이었다.

1993년 6월 7일 아침에, 소집된 삼성 중역들은 똑같은 흰 셔츠와 곤색 혹은 흑색의 양복을 입고 노트북을 가지고서 테이블 주위에 자리잡았다. 방의 전면의 연단에는 남한의 전통에 따라 핑크색 꽃 단지들이 놓였다. 그 뒷벽에는 베니스(Venice)의 운하와 사람들을 묘사하는 호화로운 유화가 있었다.

그날 아침에 회장이 회의실로 들어서자, 삼성 중역들은 일어서서 박수를 쳤다. 방안의 공기는 긴장으로 무거웠다.

회장은 하루에 두세 시간 이상은 자지 않았다고, 황은 회상한다. 그는 자리에 앉자 마이크를 조정한 후, 원고도 없이 단도직입적으로 8 시간 동안 그들에게 그의 분노를 쏟아부었다.

삼성이 그 연설의 완전한 원고를 제시한 적은 없다. 그러나 증인들의 인터뷰들, 비디오들, 매체 기사들, 그리고 공식적 회사 자료들을 통해, 나는 주요 요소들을 한데 모을 수 있었다.

“나는 이 위기를 생각할 때 등에서 차가운 땀이 흘러내림을 느낍니다”라는 회장의 말은, 내부 책자 [삼성의 신경영]에 표현되어 있다. “우리는 생과 사의 상황을 직면하고 절벽 끝에 서

있습니다.”

“냉전은 끝났지만, 그러나 보다 치열한 경제 전쟁(economic war)이 시작되었습니다. 이 새로운 전쟁에서는, 한 나라의 화력은 기술의 수준에 따라 결정될 것입니다”라고 그는 경고했다. “삼성의 많은 사람들은 이 기술 전쟁이 얼마나 냉엄하고 잔인할 수 있는지를 인식하지 않고 있습니다.”

그는 불량품을 줄여서 품질을 향상시키려고 결심하였는데, 이것은 소니(Sony) 및 삼성의 다른 일본 경쟁자들은 이미 완전히 익힌 전략이었다.

“삼성에서 우리는 세 가지 신조에 고착해야 합니다 : 불량제품은 우리의 적이다, 불량제품은 모든 악의 뿌리이다, 만일 어떤 불량제품을 세 번 만든다면 우리는 스스로 사직해야 한다.”

다음 3일에 걸친, 하루에 8시간 내지 10시간의 회기에서 그는 간신히 휴게시간을 가지면서, 새로운 철학과 전략을 자세히 설명하였다. 중역들은 도시락과 샌드위치로 종일 식사를 때웠다.

“부인과 자녀들만 빼고는 모든 것을 바꾸십시오”라고 그는 말했는데, 이것은 그의 좌우명이 되었다. 삼성은 그의 철학을 “계속되는 위기(perpetual crisis)“라고 불렀다.

삼성 내부에서 이 3일간은 프랑크푸르트 선언(Frankfurt Declaration)이라고 불리어지게 되었고, 10년 전의 부친의 도쿄 선언(Tokyo Declaration)과 더불어 회사의 구전 신화가 되었다.

이 연설들은 “나 자신을 포함하여 누구도 전혀 기대하지 못했다”고 회장의 보좌역인 황OO는 말했다. “이것은 충분히 완숙된 메시지였다. 그는 이것을 수년 내내 생각해 왔다”

그러나 과거에 수줍어 하다가 이제 갑자기 카리스마가 터져 나오는 상속인이 모두를 확신시킨 것은 아니었다. 어떤 사람들은 집합적으로 질책받기는 하였으나, 개인적으로는 잘못한 것이 없다고 생각하였다. 오OO 중역은 말하기를, 이건희의 중역들에 대한 힐책은 “능란하고 상스러운 단어들을 포함했다”고 말했다.

셋째 날에 회장은 중역들에게 3일 동안의 식사는 어떠했는가를 물었다.

“미안하지만 분량이 문제였습니다”라고 그 테이블의 한 사람이 말했다. “제 생각에 품질과 분량은 동전의 양면과 같습니다.”

Lee 회장은 수저를 테이블에 던지고는 폭풍처럼 방을 나갔다.

분명히 프랑크푸르트의 연설들만 가지고는 회사를 바꾸고 문화를 바꾸기에는 충분치 않았다. 다음 3개월 동안 회장은 회오리 바람처럼 런던, 오사카, 도쿄를 다니면서 48건의 회합들에서 350 시간의 강연을 하였다. 이 중 어떤 것들은 16시간에 이르는 장시간 강연이었다.

“2주 후에, 우리는 내의를 스스로 빨아서 호텔 베란다에 걸어놓았고, 호텔 측의 항의를 받았다"고 회장의 여행에 수행한 회장비서실장 현OO은 말했다.

"나는 그가 어떻게 그 일들을 다 했는지 모릅니다"고 조카인 헨리(Henry)는 인정했다.

결국 그의 연설들은 8,500 페이지의 분량이 되었다. 회사는 Lee의 연설들을 "신경영 창설(New Management Initiative)"이라고 부르기 시작했다.[51)]

51) 위의 책, pp. 85~87.

제 4 장

허공의 목표 경영

창업가 정신, 경영학, 그리고 한국 경영학을 검토했다.

[국부론]을 참고했다. 단편 [귀향]에서는 최생이 곡물상인으로 성공했다.

17세기에 신류 장군의 흑룡강 원정이 있었다.

경영학에서 목표관리(MBO: management by objectives)란 상사와 종업원이 공동으로 참여하여 공통된 조직목표를 설정하고, 기대되는 결과에 따라 각 개인의 책임 영역을 확정하며, 이를 기준으로 각 개인과 부서의 목표 달성에의 기여도를 측정 · 평가하기 위한 과정이다.[52)]

목표관리는 단편 광작(廣作)[53)]에 묘사된 허공(許珙) 이야

52) 윤훈현, [21세기 기업과 경영], 청목출판사, 2009, p. 249.

기의 주제가 된다.

허공은 가난한 집안의 둘째 아들로서, 부모가 돌아가시자 살아갈 길을 찾는다. 목표를 추구해 가는 과정이 감동적이다.

이야기는 시작된다.

"여주에 허(許)씨 성의 양반이 있었다. 그는 마음이 어질고 착하나 형편은 몹시 가난했다. 집에 세 아들을 두고 글공부를 시키면서 사방의 친지들에게 두루 구걸하여 독서하는 아들들 입에 풀칠을 하게 했는데, 그가 어질고 착한 덕분으로 모두 동정하여 구걸에 응해 주었다.

허씨 양반 내외가 다 돌아가자 삼년상까지 고을 사람들의 부조가 컸다. 삼년상을 마친 다음 둘째 아들 허공(許珙)이 형과 아우에게 이렇게 말했다.

'이제 삼년상이 끝나 부모님이 남기신 덕에 더 의지할 수도 없는 일이니, 이런 곤궁한 형세로서는 다 같이 굶어 죽을 지경에 갈 수 밖에 도리가 없소. 우선 각기 살아갈 방도를 차려야지 않겠어요?'

'본디 배운 글공부 말고는 달리 도리가 없는 걸'

형과 아우가 한 목소리로 말하자 이에 허공이 말했다.

---

53) 이우성 · 임형택 편역, [이조한문단편집 1], "광작(廣作)", 창비, 2018, pp. 31~38.

'각자 뜻을 따를 수밖에 없지요. 저는 굳이 다른 길을 권하지는 않겠으나, 우리 삼형제가 모두 글공부에만 매달리다간 춥고 굶주려 죽기에 딱 알맞소.

내 어쨌거나 10년 기한하고 결단코 목숨을 걸고 치산(治産)을 하여 우리 집안을 구해보겠소.

오늘로 파산을 하여 형님과 아우는 절간으로 올라가서 중들에게 얻어먹으며 공부를 계속하고, 형수씨와 제수씨는 각기 친정에 돌아가시지 않을 수 없네요.

부모의 세업(世業)이라고는 단지 저 보리밭 세두락과 가대(家垈), 여종아이 하나뿐인데, 이는 의당 종가의 재산이나, 형님이 이제 파산하시니 우선 제가 빌려서 쓰도록 하겠습니다'."[54]

가난한 양반집의 삼 형제는 글공부에만 매달려 살다가 부모님이 돌아가시자 굶어죽을 지경에 이르렀다.

굶주려 죽는다는 것은 꼭 피해야 할 일임에 틀림없다. 이현서는 열 다섯 살 때인 1995년에 보고 들은 이야기를 말한다.

"어머니는 그녀의 직장 동료에게서 받은 편지 하나를 집으로 가지고 오셨다. 이것은 그 직장 동료가 우리 도의 동쪽에 있는 함경북도에 사는 여동생으로부터 받은

54) 위의 책.

편지였다. 나의 어머니는 우리에게 그것을 보여주기를 원하셨다.

'나는 너와 민호가 뭘 알았으면 해. 사람들은 어려운 시기를 겪고 있어. 너희들은 나에게 우리가 가지고 있지 않은 이것저것을 달라고 불평하지 않니? 우리가 가진 것도 모든 사람이 가지고 있는 것은 아니야.'

어머니는 그 편지를 건넸다.

보고 싶은 언니에게,

언니가 이것을 읽을 때 쯤에는, 우리 다섯 식구는 더 이상 이 세상에 없을 거야. 우리는 수 수일 동안 먹지를 못했어. 우리들은 바싹 말랐는데, 이제는 우리 몸들이 부풀어 오르고 있어. 우리는 죽기를 기다리고 있어. 내가 가기 전에 마지막 소원은 강냉이 떡이라도 조금 먹었으면 하는 것이야."[55]

둘째인 허공은 현실 파악이 가장 빨랐다. 글공부에만 매달리다가는 먹고 살기 어렵겠다는 것을 깨달았다.

그래서 형과 아우가 공부에 미련을 두고 있는 것을 보고 과감한 결심을 한다.

---

55) Hyeonseo Lee, *The Girl with Seven Names - Escape from North Korea*, William Collins, Great Britain, 2015. pp. 79~80.

허공의 목표는 목숨걸고 돈을 벌어서 10년 안에 집안을 구하겠다는 것이다.

그리하여 허공은 창업을 시작한다.

"허공은 즉시 아내에게 딸린 패물 등속을 팔아서 6, 7 꿰미의 돈을 마련했다.

때마침 그 해에는 면화가 풍년이었다. 그는 미역을 사서 등에 지고 부모가 친히 내왕하던 집을 두루 찾아다니며 집집마다 미역을 내놓고서 안면을 가리고 면화를 대신 달라고 간청하니, 모두들 옛 정의를 생각하고 가난한 형편을 동정하여 후히 도와주었다.

그래서 거둬들인 면화가 좋고 나쁘고를 막론하고 수백 근이 되었다."

"허공은 의관을 벗어던지고 적삼에 잠방이를 걸치고 주야로 길쌈하는데 일손을 돕고, 혹 자리도 치고 혹 도롱이도 엮으며 부지런히 날을 보냈다."

"1년 안에 길쌈을 해서 팔아 마련한 돈이 수백 냥에 이르렀다. 문전에 마침 서울 사람의 논 10두락과 하루갈이 밭이 팔려고 나와서 허공이 즉시 사들였다.

그는 남의 손을 빌려 농사를 지으면 비용이 들 뿐 아니라 자기가 힘써 하느니만 같지 못하리라 생각하고, 소에 쟁기를 붙여 몸소 논에 들어갔다.

경험 많은 농군을 불러 잘 대접한 다음 논두둑에 앉히

고 쟁기질하는 법을 가르쳐주도록 청했다. 논이고 밭이고 갈기를 열 번이나 하여 깊숙이 흙을 일으키니 성과가 다른 농부에 비할 바 아니었다

밭에는 담배모를 옮겨 심기 위해서 퇴비를 두껍게 깔고 이랑 위에 무수히 구멍을 뚫고 비오기를 기다렸다.

한편으로 가뭄이 들어 담배모종이 시들까 염려하여 이른 봄에 길게 가자(架子)[56]를 매고 그 아래 담배씨를 파종하여 자주 물을 주었다. 그해에는 크게 가물어 도처의 담배모종이 온통 말라 죽었으나, 그의 담배 모판은 유독 무성했다. 비가 오기를 기다려 즉시 옮겨 심었더니, 날이 얼마 지나지 않아서 담배 잎사귀는 파초잎처럼 너푼너푼 방을 넓었다.

담배가 약이 차기도 전에 강상(江上)[57]의 연초상인이 찾아와서 담배밭을 통째로 해서 2백 꿰미에 홍정이 되었다. 연초상은 담뱃잎을 따서 모래사장에서 말려가지고 가더니 후에 다시 백냥을 가지고 와서 그 두 번째 순도 사갔다.

논 10두락 소출의 곡식도 역시 100석에 이르렀다."[58]

허공은 목표를 위해 근면 성실하게 농사지었다.
아내의 패물로 면화 수백 근을 마련하여, 농사의 자본이

56) 역자 주 : 담배 모판을 덮는 시설
57) 역자 주 : 마포 일대의 한강주변
58) 이우성 · 임형택 편역, 앞의 책, pp. 31~38.

되었다.

절박한 심정으로 나섰다. 선비를 포기하고 사지를 움직여 육신으로 돈을 벌기로 작정하였으니, 그 각오는 보통의 농부에 비할 바가 아니었다.

도포를 벗어던지고 잠방이를 걸쳤다. 주야로 길쌈하고 자리도 치고 도롱이도 엮었다. 1년 만에 논 10두락과 밭을 사고, 쟁기질의 비결을 배웠다. 담배를 심어 정성을 기울이므로 입도선매(立稻先賣)가 되었다.

한편, 허공의 목표관리는 근면 성실과 아울러 인색(吝嗇, parsimony)이라는 특징이 있었다.

> "이에 그는 강원도의 귀리 100여 석을 사서 10년간 죽만 먹기로 굳게 약속을 정했다. 여종에게는 한 사발을 주고 그 부부는 반 사발을 들면서 여종에게 일렀다.
>
> '주림을 정 견디기 어려우면 네 마음대로 나가거라'.
>
> 여종은 울면서 말하는 것이었다.
>
> '상전께서 죽음으로 맹세하고 치산을 하시는데, 저라고 어찌 굶주림을 두려워하여 버리고 가겠습니까?' "

"친구 사이에 혹 찾아오는 사람이 있으면 울 밖에 세워 두고 자기는 안에서 '이제 다시 나를 사람의 예절로 꾸짖지 마오. 그냥 밖에서 돌아가주오'라고 말했다."

"그 형과 아우가 절에서 자기 집이 도주공(陶朱公)[59]이 되었다는 소문을 늘 듣다가 부자로 사는 모습을 한번 보고 싶어 8년 만에 내려왔다.

허공의 내외가 흔연히 반기었음은 물론이다. 그의 아내가 이웃에서 가져온 술과 고기로 대접을 하고 저녁때 세 그릇 밥을 지어 내왔는데, 8년 만에 돌아온 두 시숙에게 귀리죽을 드리기 어려웠기 때문이다.

그러나 허공은 밥을 보더니 불끈 눈을 치뜨고 야단을 치며 한 그릇 밥으로 두 그릇 죽을 만들어오라고 시시하는 것이었다. 그 형이 성내어 꾸짖었다.

'너의 재산이 몇 천석인지 모르는 터에, 8년 만에 재회한 동기간에 이미 해온 밥을 물리고 죽을 끓여오라니, 이게 사람의 도리냐?'

'저희가 정한 기한이 아직 덜 되었소. 형님이 아무리 대로하시더라도 저는 절대 바꿀 수 없습니다'.

허공이 이렇게 말하여, 형과 아우는 매우 불편한 마음으로 돌아갔다."[60]

---

59) 역자 주: 중국 춘추시대 월나라의 범려(范蠡). 큰 부자

허공의 목표를 위한 경영에서 인색함은 매우 철저했다. 죽만 먹기로 결심한다. 교우(交友) 관계도 제한하였다. 심지어는 8년 만에 찾아온 형과 아우에게도 죽을 대접하였다.

저자의 선자(先慈)께서는 한때 서울 성북동에 자그마한 음식점을 창업한 적이 있었다. 몇 달 못가서 그만 두셨지만, 후에 생각해보니 당시 우리 5남매가 때때로 가서 무가(無價)로 음식을 시켜 먹었던 것이 운영에 결코 도움이 되지 않았던 것 같다.

그런데, 인색함은 [국부론]에 의하면 큰 의미가 있다. 자본을 증가시키는 것이다.

> "자본은 인색(吝嗇, parsimony)에 의하여 증가되고 낭비와 그리고 잘못 처리함으로써 감소된다.
>
> 사람은 자기의 수입 가운데서 저축하는 모든 것을 자기의 자본에 추가하고, 그것을 생산적 일손의 추가량을 유지하는데 손수 사용하거나, 또는 그것을 어떤 타인에게 이자, 즉 이윤의 몫을 받고 빌려주어서 그 사람으로 하여금 그렇게 할 수 있게 하거나 한다.
>
> 개인의 자본이 그의 년년(年年)의 수입 또는 그의 년년

60) 이우성 · 임형택 편역, 앞의 책, pp. 31~38.

의 이득 가운데서 그가 저축하는 것에 의해서만 증가될 수 있듯이, 사회를 구성하는 전개인(全個人)의 자본과 동일물인 사회의 자본도 이와 동일한 방법에 의하여서만 증가할 수 있다.

근면이 아닌 인색이 자본 증가의 직접 원인이다. 사실 근면은 절약이 축적하게 되는 대상물을 조달한다. 그러나 근로가 어떠한 것을 획득할 수 있다 하더라도, 절약이 그것을 저축하고 저장하지 않는다면, 자본은 결코 더 커지지 않을 것이다.

인색은 생산적인 일손을 부양하기 위하여 예정되어 있는 기금을 증가시킴으로써, 그네들의 노동이 주어져서 그 대상의 가치가 증가하는 그러한 일손의 수를 증가시키는 경향이 있다.

그러므로 그것은 그 나라의 토지 및 노동의 년년의 생산물의 교환가치를 증가시키는 경향이 있다. 그것은 년년의 생산물에 추가적 가치를 부여하는 근면의 추가량을 가동시킨다."[61]

[국부론]에 의하면, 인색하게 절약하여 저축함으로써만 개인의 자본이 증가된다. 사회의 자본도 증가된다.

허공은 인색하게 절약함으로써 그의 자본이 증가되었다.

---

61) 애덤 스미스, 최임환 역, [국부론 상], 제2편, 제3장, 을유문화사, 1985, p. 339.

"이로부터 재산이 매달 불어나고 매해 늘어나서 헤아릴 수 없는 정도가 되었다.

5, 6년이 지나지 않아 노적이 집 주위로 가득하고 논밭이 연달아서 10리 안쪽의 농민들은 허공의 집에 의지하지 않는자가 없이 되었다. 사방의 작인(作人)들이 술과 안주로 인정(人情)을 쓰니 밥상에 고기반찬이 떨어지지 않았으되 여전히 귀리죽 반 사발은 더하고 덜함이 없었다."

"만 10년이 되자 허공은 엄연히 만석꾼 부자가 되어 있었다. 봄철에 친히 장터로 나가 명주 · 비단 · 모시 · 삼베 등속의 좋은 옷감을 사다가 동네의 가난한 부녀자에게 삯바느질을 주어서 남녀 의복을 수대로 여러 벌 지었다. 그리고 섣달 스무하룻날 절로 편지를 써 보내서 형과 아우에게 기별했다.

'제가 10년 치산하기로 정한 기한이 이제 다 되었습니다. 지금까지 경영하여 이루어놓은 것이 우리 삼형제가 일생을 호의호식하고도 남을 정도입니다. 오늘로 고생 그만하시고 한집에 단란히 모여 행복을 함께 누리도록 하십시다.' "[62)]

허공은 농사를 직접 짓고, 길쌈 등 부업도 열심히 뛴다. 담배농사도 열심히 한다. 논 10두락을 사서 여기서 나는 소출도 만만치 않다.

---

62) 이우성 · 임형택 편역, [이조한문단편집 1], "광작(廣作)", 창비, 2018, pp. 31~38.

이렇게 목표를 향해 목숨을 걸고 치산을 하니 드디어 가속도가 붙었다. 매달, 매해 재산이 불어난다. 5, 6년 만에 집주위에 곡식이 쌓이고 근처의 농민들이 허공에게 의지하게 되었다.

드디어 10년 만에 만석꾼 부자가 되었다. 그러자 형제들에게 비단의복을 지어 보내며 같이 살자고 초청을 하게 된 것이다.

허공은 목표관리를 철저히 하여 기한 내에 목표를 달성하였다. 정리하면,

- 10년 안에 재산을 모은다는 목표를 설정했다.
- 농사는 직접 논밭에 뛰어들어 쟁기질을 배우며 열심히 일하고, 길쌈, 쟁기질, 담배 등에도 근면 성실했다.
- 인색과 저축으로 일관하였다.
- 10년간의 목표관리를 통해 만석꾼이 되었다.

우리나라에 현대적 허공은 많다.

예를 들어, D기업은 소형차 생산이라는 목표를 달성하였다.

〈사례〉 D기업의 목표 경영 – 모닝 신화

D기업을 이야기할 때 반드시 등장하는 단어가 있다. 바로 '모닝 신화'다. 국내 경차 판매량 1위 자리를 굳건하게 지키고 있는 모닝 신화의 뒤에는 D기업이 자리 잡고 있다.

2001년 K자동차와 합작으로 D오토를 설립한 이후 완성차 모닝을 조립 생산하고 있다. 이것은 캐나다의 부품업체 마그나(Magna)가 BMW의 컨트리맨과 메르세데스벤츠의 G클래스를 위탁생산하는 것과 비슷한 사례다. 국내 자동차부품업체 중에서는 D오토가 유일하다.

L회장은 2001년 K차로부터 합작생산 의뢰를 받았다. 모닝은 다른 차종에 비해 가격이 낮다. 생산비용을 낮춰야만 채산성을 맞출 수 있기 때문에 상대적으로 높은 임금구조를 갖고 있는 K차로선 모닝으로 수익 예측이 어려웠다. 하지만 경차 수요도 존재하기에 포기할 수 없는 상황이었다.

이때 도출된 해결책이 협력업체 위탁 생산이었다. K차 입장에서는 생산비용을 낮출 수 있고, D기업은 부품 생산을 넘어 완성차 생산 영역으로 진출할 수 있다는 장점이 있었다.

하지만 부품사 입장에서 완성차를 생산한다는 것은 부담스러운 일이었다. 생산설비 투자는 물론 수많은 부품들을 효율적으로 모아 차를 조립하는 과정에는 상당한 경험과 노하우가 필요했다.

또 모닝의 판매실적이 부진하면 공장 가동률이 떨어져 비용을 맞추기가 더욱 힘들어진다. L회장의 참모진들은 같은 이유로 부정적인 의견을 내놓았다.

"결정했네. 우리 한번 완성차 사업에 도전해 보자고"

고민을 거듭하던 L회장은 과감하게 결정을 내렸다. D오토를 설립해 모닝을 생산하기로 한 것이다. 위험이 크지만 사업이 안정궤도에 진입하면 D기업 전체에 도움이 될거라 판단했다.

D오토 설립자본금 300억원 가운데 45%를 D기업이 맡았다. K차도 35.1%의 지분을 출자했다.

충남 서산에 공장 부지를 마련한 D오토는 설립 3년째인 2004년 모닝 1호차를 생산하며 첫발을 뗐다. 기대반, 우려반 시선 속에서 D오토는 생산 첫해인 2004년 매출 794억원을 시작으로 국내외 경차 수요 증가와 맞물려 매년 큰폭의 매출 신장세를 보였나. 모닝이 국산 경차중 높은 제품경쟁력으로 경쟁차들을 제치고 경차부문 1위에 올랐기 때문이다.

2009년에는 매출이 전년 대비 45%나 증가하면서 1,295억원을 기록했다. D오토의 성장은 여기서 멈추지 않았다. 주력 생산 차량인 모닝이 국내외 시장에서 확실한 스테디셀러 카로 자리잡으면서 고속성장 행보가 이어졌다. 2011년 매출 1,744억원을 기록했고 이듬해에는 16%의 높은 성장세를 달성, 매출 2,000억원 벽을 돌파했다. 2013년에는 2,037억원을 기록했다.

2011년 11월에는 경형 다목적카인 박스카 레이를 생산 출시했고, 2011년 12월에는 레이 전기차를 추가했다. 모닝과 레이는 플랫홈(엔진과 트랜스미션 등 기본 골격)을 공유하는 경차다.

D오토는 생산차량을 모두 K차가 매입하는 사업구조이기 때문에 높은 수익률을 거두지는 못하지만 안정적인 매출을 보장받을 수 있다는 장점이 있다. 또한 완성차 조립기술 이해를 통해 부품의 품질수준을 향상시킬 수 있었다. 그리하여 업계에선 D기업의 완성차 조립생산 사업진출을 긍정적으로 평가하고 있다.[63]

63) 최진석, [작은 거인들], "이동호 동희 회장", 비즈하우스, 2017, pp. 210~213.

제3부

인사관리

제 1 장

홍순언의 명예 경영

창업가 정신과 경영학 및 한국 경영학을 생각해 보았다.

[국부론]은 기본 업종들을 제시하였다. 최생은 곡물상인으로 나섰는데, 효도가 창업의 동기였다.

신류 장군은 대 러시아전투에서 승리했다.

허공은 경영목표를 위해 근면 성실과 인색으로 일관했다.

미덕에 관해 [도덕감정론]에 이런 구절이 있다.

"친근감을 주고 찬사를 받을 만한 것, 즉 사랑을 받을 만하고 보답을 받을 만한 것은 미덕의 가장 큰 특징이다. 또 가증스럽고 처벌을 받을 만한 것은 악덕의 큰 특징이다.

그러나 이 모든 특징들은 다른 사람들의 감정과 직접적인 관련이 있다. 미덕은 그 행위자 자신의 사랑이나 감사의 대상이 되기 때문이 아니라, 그것이 다른 사람들의 사랑이나 감사의 마음을 불러일으키기 때문에 친근감을 주고 찬사를 받는 것이다.

자신은 이처럼 사람들을 유쾌하게 하는 관심의 대상이 되고 있다는 인식은 그것에 자연적으로 수반되는 내심(內心)의 평온과 자기만족의 원천이 되는데, 이는 마치 자신은 이와 반대의 상황에 놓여 있을지도 모른다는 의심이 악덕으로 인한 고통의 원천이 되는 것과 같다.

사랑을 받고 있고 또 우리는 사랑을 받을만하다는 것을 알고 있다는 것은 얼마나 큰 행복인가? 미움을 받고 있고 또 우리는 미움을 받아 마땅하다는 것을 알고 있다는 것은 얼마나 큰 불행인가?”[64]

이 구절처럼 미덕은 사랑이나 감사를 받을 만하다.

홍순언(洪純彦, 1530~1598)은 미덕을 실행했다. [통문관지]에 의하면 이러하다.

“일찍이 연경에 가다가 통주(通州)에 이르러 밤에 청루(青樓)에 놀러가서 자색이 매우 뛰어난 한 여자를 보고 마음에 들어 주인 여자에게 부탁하여 접대하게 하였는데, 그가 소복(素服)을 입은 것을 보고 물었더니, 여자가 말하기를,

64) 애덤 스미스, 박세일 · 민경국 공역, [도덕감정론], 비봉출판사, 2009, pp. 214~215.

'제 부모는 본디 절강(浙江)사람인데, 명나라 서울에서 벼슬살다가 불행히 돌림병에 걸려 한때에 다 돌아가서 관이 객사에 있습니다. 저는 외동딸이고 고향으로 모셔가 장사지낼 밑천이 없으므로 마지못하여 스스로 몸을 팝니다'.

하고는 목메어 울며 눈물을 흘리므로, 공이 듣고 불쌍하여 그 장례비를 물으매 3백 금을 써야 하겠기에 곧 전대를 털어서 주고 끝내 가까이 하지는 않았다."[65]

이 기록에 의하면, 홍순언은 부모의 장례를 위해 몸을 팔려고 하는 어떤 여성을 만나서 전대를 털어서 큰 금액의 장례비를 주었다. 그리고 그 여성을 가까이 하지는 않았다.

이 미덕은 명예를 소중히 여기는 조선 사람의 행동이었다.

저자는 이것을 명예 경영이라고 칭한다. 명예 경영은 어떤 보답을 바라는 것은 아니지만, 경우에 따라 막대한 성과가 돌아올 수 있다.

홍순언의 경우에는 그 행동으로 한 여성의 인생을 구하게 되었으니, 그 자체가 명예 경영의 큰 성과이다.

---

65) 세종대왕기념사업회, [통문관지(通文館志)], 외교사 고전국역2. 통문관지 전4집, 제7권, "홍순언", 1998, p. 21.

그가 답례를 바라지 않았지만, 수년 후에 지극한 감사인사를 받게 된다. [통문관지]에 의하면 이러하다.

"이때 우리나라에서는 종계변무(宗系卞誣) 때문에 전후 10여 차례 사신을 보냈으나 모두 허락받지 못하였는데,

만력(萬曆) 갑신년(甲申年) (선조(宣祖)17, 1584)에 공이 변무사(卞誣使) 지천 황정욱을 따라 북경에 이르러 조양문(朝陽門) 밖을 바라보니,

금막(錦幕)이 높다랗게 구름에 이었는데, 말을 타고 한 사람이 달려와서 홍판사(洪判事)를 찾아 말하기를,

'예부 석시랑이 공이 오셨다는 말을 듣고 부인과 함께 마중하러 나왔습니다' 하였다.

이윽고 계집종 10여 명이 떼지어 부인을 옹위하고 장막 안에서 나오는 것을 보고 공이 놀라 피하려 하니, 시랑이 말하기를,

'군(君)은 통주에서 은혜를 베푼 일을 기억하시오? 내가 부인의 말을 들으니 군은 참으로 천하의 의로운 선비인데, 이제야 다행히 서로 만나니 내 마음이 크게 위안됩니다' 하였다.

부인이 보고는 곧 꿇어앉아 절하므로 공이 부복하여 군이 사양하니, 시랑이 말하기를,

'이것은 은혜에 보답하여 군에게 절하는 것이니, 받지 않을 수 없습니다',

하였다. 부인이 말하기를,

'군의 높은 은혜를 입어 부모를 장사지낼 수 있었으므로 감회가 마음에 맺혔으니, 어느 날엔들 잊겠습니까?'

하고는 곧 크게 잔치를 벌여 부인이 잔을 잡고 올렸다."[66]

더 나아가 이 일로 인하여, 홍순언은 국가의 큰 현안인 종계변무(宗系辨誣)를 해결하는 공을 세우게 된다.
[통문관지]에 의하면 이러하다.

"시랑이 동방의 사신이 이번에 온 것은 무슨 일 때문인지를 물으므로 공이 사실대로 대답하니, 시랑이 말하기를,

'군은 염려하지 마시오',

하였는데, 회동관(會同館)에 머무른 지 한달 남짓 만에 사신 간 일을 과연 청한 대로 허락받았다. 특명으로 새로 고친 대명회전(大明會典)에 기록하여 보인 것은 석공(石公)이 실로 그렇게 하도록 만든 것이다."[67]

---

66) 위의 책
67) 위의 책

여기서, '종계변무'란 명나라의 종합 행정법전인 대명회전에 조선의 초기 역사가 잘못 기재된 것을 고치려는 조선의 요청이다.

조선의 태조 이성계의 부친은 이자춘(李子春)인데, 대명회전에는 다른 사람으로 잘못 기재가 되어 있었다. 또 이성계가 고려의 공민왕, 우왕, 창왕, 공양왕의 4명을 시해하였다고 허위사실이 기재되어 있었다.[68]

이것은 명나라 태조 이후의 그들의 조선에 대한 인식이기도 하였으니, 이러한 누명은 역대 조선의 왕과 신민들로서는 자다가도 벌떡 일어나 통분할 억울한 일이 아닐 수 없었다.

이것을 고쳐달라고 200여 년간이나 요청해도 시정되지 않았는데 홍순언의 명예로운 행동의 결과로 인하여 시정되었으니 실로 그의 공은 크다고 할 수 있다.

그리하여 조선 정부는 홍순언의 이 공을 인정하여 큰 포상을 내리게 된다. 조선왕조실록에 의하면 이러하다.

> "상통사(上通事) 홍순언(洪純彦) 등에게는 가자(加資)하고 노비와 전택, 잡물 등을 차등있게 내렸다"[69]

---

68) 국사편찬위원회, [조선왕조실록], 태조실록 6권, 태조3년(서기 1394) 6월 16일 갑신 1번째 기사 : 중종실록 33권, 중종13년(서기 1518) 5월 7일 을사 4번째 기사. silok.history.go.kr

홍순언은 가자, 즉 품계(品階)를 올려받고 노비와 전택 등을 받았다.

더 나아가, 그의 미덕은 더 큰 성과를 역사에 남기게 된다. 바로 나라를 구하는 것이었다.

[통문관지]에 의하면,

"임진년(壬辰年)(선조25, 1592)에 왜노(倭奴)들이 국내로 침입하자 임금이 서쪽으로 피하고 중국에 구원을 청하였는데,

그때 중국 조정의 의논이 혹은 압록강을 굳게 지키면서 형세가 변해가는 것을 보자고 청하기도 하였으며, 혹은 이적(夷狄)이 서로 치는 것을 중국이 반드시 구원할 것까지 없다고 말하기도 하였다.

석공이 그때 병부상서(兵部尙書)로서 구원할 것을 혼자 힘써 말하고, 또 먼저 군기와 화약을 줄 것을 청하였으니, 우리 동방이 나라를 회복하여 살육당하는 것을 면할 수 있었던 것은 다 석공의 힘이다.

공은 광국공신(光國功臣)에 책훈(策勳)되고 당릉군(唐陵君)에 봉해졌으며, 그 손자 홍효손(洪孝孫)은 숙천부사(肅川府使)가 되었다."[70]

---

69) 국사편찬위원회, [조선왕조실록], 선조실록 18권, 선조 17년(서기1584) 11월 1일 계유 2번째 기사. silok.history.go.kr

70) 세종대왕기념사업회, 앞의 책, p. 21.

이처럼 홍순언이 구한 여성의 남편이 된 병부상서 석성공은 조선에 파병하는 일을 성사하게 하였다.

홍순언은 나라를 구하게 된 것이다.

조선 정부는 그의 공을 인정하여, 광국공신과 당릉군의 명예를 주었다. 후손에게도 은덕이 미쳤다.

다시 정리하면, 홍순언의 명예 경영은 기대하지 않았던 큰 성과로 돌아왔다.

- 한 여성의 인생을 구했다.
- 종계변무를 해결했다.
- 나라를 구했다.

홍순언이 창업가는 아니지만, 그의 행동은 창업가에게 크게 일깨워 주는 바가 있다. 미덕이나 명예는 잊어 버려서는 안 되는 그 무엇이라는 것이다.

흔히 돈을 버느라고 바빠서 깜박 다른 소중한 가치는 소홀히 하는 경우가 있다. 미덕, 명예, 우정, 사랑 등 모든 것보다 내 사업이 최우선이라는 생각을 할 수가 있다.

그런 경우에는 설령 사업에 성공했다 하더라도 나중에 내 가슴은 뻥 뚫린 그 무엇이 된다. 소중한 가치들이 다 날아가 버렸으니 나에게 남은 것이 없는 것이다.

명예로운 행동을 하기 위해서는 평소에 그 바탕이 있어야 한다. 먼저, 마음가짐을 바르게 하여 올바로 살겠다는 결심을 하고 있어야 한다. 성인(聖人)의 가르침을 공부하고, 명상을 통해서 이를 자신의 것으로 만들어야 한다.

이런 바탕이 있어야만 어떤 계기를 갑자기 만났을 때, 미덕과 명예의 행동을 자기도 모르게 실행하게 되는 것이다.

그러니까 미덕과 명예는 범인(凡人)이 실행하기가 참으로 어려운 것이니, 그야말로 평생의 내공(內功)을 닦아야만 한다.

명예 경영의 현대적 사례로, 조중훈의 '부암장 송별회'를 들 수 있다.

〈사례〉 K기업의 명예 경영- 세단과 부암장

조중훈은 매사를 자본주의적 합리성에 입각해 처리하는 미국인들의 심리를 꿰뚫고 있었다. 그들에게 자신이 믿을만한 파트너임을 알게 하고 동등한 계약당사자로서 당당함을 지켜나가려고 애썼다. 미군과의 계약은 일방적인 것이 아니라 쌍무계약이었기 때문에 이쪽 입장도 존중되었던 것이다. 불필요하게 저자세로 사정하기보다는 어엿한 기업가라는 점을 보여줄 필요가 있었다.

이런 생각에서 조중훈은 미군과 만날 때 지프차가 아니라 당시에 구경하기조차 힘들던 고급 세단을 타고 다녔다. 한진상사가 잘나가는 중소기업이긴 했지만 세단을 타고 다닐 정도는 아니었다. 당시만 해도 돈 많고 힘 있는 한국사람들은 군용지프를 개조해 타고 다녔다. 그런데 군용지프가 나올 만한 구멍이란 게 미군부대밖에 없었다. 한국사람 딴에는 자가용인 양 타고 다니지만 미군들 눈에는 출처가 의심스러운 군용차를 부정한 방법으로 장만한 것으로 간주되었다.

조중훈은 자신이 당당한 계약당사자이며 사업가라는 사실을 보여주기 위해 일부러 비싼 세단을 구입해 타고 다녔던 것이다. 미군들이 쓰던 중고 지프를 몰고 다녀서는 평생을 가도 동등한 거래자로 인정받을 수 없다고 판단했다. 당당한 사업가로 이미지를 관리해 고객의 신뢰를 얻어낸 것이다. 조중훈은 아무리 계급이 높은 미군에게도 허리를 굽혀 인사하지 않았다. 그런 인사는 그들에게 익숙하지 않을 뿐만 아니라 비굴하게 보일 수 있었기 때문이다.

미군들에게 결정적으로 깊은 인상을 심어준 것은 '부암장 송별회' 였다. 한번 알게 된 미군 장교가 임기를 마치고 귀국할 때 별장인 부암장에 초대해 송별회를 열어 주었다.

부암장은 지금 서울 부암동에 있는 자택인데 미완성 석조건물을 구입해 완공한 것이었다. 이곳에 특급 국제호텔의 요리사를 초빙해 풀코스 식사를 대접했다.

미군들의 한국에 대한 인상은 '길' 하면 먼지투성이요, '집' 하면 판잣집을 떠올리던 시절이었다. 미군들에게 한국은 거지가 들끓는 더럽고 못사는 나라, 아이들이 초콜릿을 달라며 달라붙거나 달리는 트럭에 뛰어올라 물건을 훔쳐가는 나라였다.

그런 미군들에게 유럽풍의 중후한 석조건물과 본국에서도 고급 레스토랑에나 가야 맛볼 수 있는 풀코스 만찬은 한국에 대한 인식을 바꿔놓기에 충분했다. 조중훈은 미군 장교뿐 아니라 그 아내에게 줄 선물까지 준비해 전달했다.

하지만 송별회 자리에서 사업이야기는 일절 꺼내지 않았다, 그저 친구 대 친구로 맛있게 저녁이나 먹고 가라는 것이었다. '식사 때 사업이야기는 금물'이라는 유대인의 상술에서 배운 것이기도 했다.

사람이란 자기에게 소용이 닿는 사람이 아니면 잘해주기가 쉽지 않은 법이다. 미군 장교들은 한국에 있는 동안이 아니라 떠날 때 송별파티를 열어주고 선물까지 안겨주는 '통큰' 한국인 사업가가 놀라울 수밖에 없었다.

그렇다고 무슨 부탁을 들어달라든지, 편의를 봐달라든지 하는 말도 일절 없었으니 더욱 그랬다. 무슨 청탁할 일이 있어 접대를 하나 생각했던 미군 장교들은 그의 한결같은 매너에 호감을 갖게 되었고, 떠날 때 후임자에게 조중훈에 대한 칭찬을 잊지 않았다.

펜타곤에서도 수송장교 출신이면 조중훈을 모르는 이가 없게 되었다. 한국을 거쳐간 그 많은 장교에게 환송회를 해주었으니 한진코리아와 조중훈을 모르는 게 이상할 정도였다.

그가 심어놓은 인맥의 씨앗은 전혀 예상하지 못한 땅에서 싹을 틔웠다. 본국에 돌아가 국방부 고위직이 된 미군 수송장교들은 훗날 조중훈이 베트남에서 엄청난 기회를 잡는데 결정적인 도움을 주게 된다.[71]

71) 이임광 지음, [정석 조중훈 이야기- 사업은 예술이다], 청사록, 2015. pp. 68~71.

제 2 장

김한진의 자유 경영

창업가 정신, 경영학 그리고 한국 경영학을 알아보았다.

최생의 효도 창업, 신류의 승리 경영, 및 허공의 목표 경영을 검토했다.

홍순언의 명예로운 행동은 역사에 남았다.

장 자크 루소(Jean Jacques Rousseau 1712~1778)는 말했다.

"인간은 본래 자유인으로 태어났다. 그럼에도 불구하고, 어디에서나 인간은 쇠사슬에 얽매여 있다. 보다 더 심한 노예상태에 처해 있는 이도 자신을 다른 사람들의 지배자로 믿고 있다.

어떻게 하여 이런 뒤바꿈이 생겨났는지 모를 일이다. 그럼 무엇 때문에 그것이 당연한 것으로 보여질 수 있는가?

나는 이 질문에 해답을 줄 수 있다고 생각한다".[72)]

루소는 자유인으로 태어난 인간이 어떻게 노예상태에 빠지게 되었는지의 의문을 제기했다.

창업가는 혹시 조직 구성원을 노예처럼 부리고 싶은 유혹에 빠질지도 모른다. 목표에 빨리 도착할 수 있을 것이라는 생각에서다.

그렇다면 스스로의 의사에 따라 일하는 자유인과, 채찍 아래서 일하는 노예는 누가 더 노동생산성이 높을까?

1. 노예노동의 생산성

[국부론]에서 이에 관련한 토의를 읽어보자. 먼저, 그리스 · 로마의 경우에 대부분의 노동을 노예가 했다는 점이 지적된다.

"오늘날에 있어서는 1인의 빈민이 자기의 토지를 가지고 있지 않더라도 다소의 자재를 가지고 있으면, 다른 사람의 토지를 빈다든지 조그만 소매상을 해나간다든지 할 수 있을 것이다. 그리고 만일 자재를 전혀 가지고 있지 않더라도 농

72) 장 자크 루소, 이환 번역, [사회계약론], 삼성(三省)출판사, 1977. p. 281.

촌 노동자로서 또는 공장(工匠)으로서의 직업을 찾아낼 수 있을 것이다.

그러나 고대 로마인 사이에서는 부자의 토지는 모두 노예들에 의하여 경작되었으며, 그들은 1인의 감독자 밑에서 일하였고, 그 감독자도 역시 노예였다. 그러므로 가난한 자유민이 차지인(借地人) 또는 노동자로서 고용되는 기회를 좀처럼 갖지 못했다.

뿐만 아니라 모든 상업과 제조업과 소매상까지도 부자의 노예들에 의하여 그들의 주인의 이익을 위하여 운영되었으며, 주인들의 부와 권위와 보호야말로 가난한 하나의 자유민으로 하여금 그들과의 경쟁에 견디어내는 것을 어렵게 만들었던 것이다.

그러므로 토지를 가지고 있지 않은 시민은 해마다의 선거때 후보자들이 주는 하사품 이외에는 생활의 수단이라고는 전혀 가지고 있지 않았다."[73)]

"그리고 다른 몇몇 국가에서는, 공장(工匠) 및 제조업자라고 하는 직업은 군사상, 체육상의 훈련에 의하여 형성하려고

---

73) 애덤 스미스, 최임환 역, [국부론 하], 을유문화사, 제4편, 제7장, 1985, p. 64.

노력하고 있었던 습성을 형성불가능하게 하고 그 때문에 다소나마 피로에 견디고 전쟁의 위험에 부닥치는 자격을 잃게 하므로 인체의 힘과 민첩에 유해한 것이라고 생각되고 있었다. 그러한 직업은 노예들에게만 적합한 것이라고 생각되었으며, 국가의 자유시민은 그것에 종사하는 것을 금지당하고 있었다.

로마와 아테네에서처럼 이러한 금지가 전혀 없었던 제국가(諸國家)에서까지도 국민의 대부분이 오늘날에는 도시의 비교적 하층부류의 주민이 보통 종사하고 있는 모든 직업에서 사실상 배제되어 있었다.

아테네와 로마에서는 그러한 직업은 모두 부자의 노예에게 맡겨져 있었으며, 노예는 자기네 주인의 이익 때문에 그러한 직업에 종사하였는데, 그 주인의 부·권력 및 보호가 있었기 때문에 가난한 자유민의 제작품이 노예의 그것과 경쟁하게 되었을 때 자유민은 자기네 제작품을 위한 시장을 찾는다는 것은 거의 불가능하였다."[74]

이처럼 그리스·로마 시대에 노동은 노예가 전담하였다.

당시 국가의 국방력은 중산층의 자유시민, 즉 토지를 가진 시민들의 육체적인 무력에 의존하고 있었다. 시민들은 각

74) 애덤 스미스, 최임환 역, 앞의 책, p. 191.

가정 혹은 정부의 저장소에 무기를 소지하고 있다가, 국가의 소집이 있으면 각자 중무장을 하고 전쟁에 임했다.

자유시민들은 평소에 오전에는 체육관에 가서 무술 연습을 하거나 광장에서 학문 토론을 했다. 공중목욕탕에서 목욕을 한 다음에 오후에 개인 업무나 공적 업무를 처리했다. 그러니까 자유시민들이 농업이나 상업 혹은 제조업에 종사한다는 것은 상상할 수도 없는 일이었다.

노동 일을 하면 민첩성이 떨어지고 무술 훈련할 시간도 빼앗긴다. 그래서 무인(武人)으로서 전장에 나갈 자질을 잃게 된다는 것이다.

그러니까 토지 경작이나, 상업 및 제조업 등 모든 노동은 노예들이 담당했다.

토지가 없는 가난한 자유민들은 부자들이 선거때 뿌려주는 하사품에 의존했고, 국가는 그들에게 토지를 주기 위하여 해외 식민지를 건설하곤 했다.

그러면 우리의 관심은 이것이다. 채찍 밑에서 일하는 노예들의 노동생산성은 어떠했을까하는 것이다.

[국부론]은 이렇게 계속된다.

"그러나 노예에게는 발명의 재능이란 좀처럼 없었으며, 노동을 촉진하고 단축하는 기계류에 있어서나, 작업의 배치와 배분에 있어서나 가장 중요한 개선은 자유민이 발명하였던 것이다.

만일 노예가 이러한 종류의 개선을 제안하기라도 한다면 그의 주인은 그 제안을 노예의 타태(惰怠)를 위해서 생각해낸 것이고 그 주인의 경제부담으로 자기 자신의 노동을 아끼려는 욕망 때문에 생각해낸 것이라고 생각하기 마련이었을 것이다. 가련한 노예는 보상은커녕 심히 학대되어 아마 어떤 벌을 받았을 것이다.

그러므로 노예에 의하여 이루어지는 제조업에 있어서는 동일량의 일을 하는데 자유민에 의하여 하여지는 일에 있어서보다 대체로 더 많은 노동이 충당되었을 것이 틀림없다. 그 때문에 전자의 제작품은 후자의 그것보다 대체로 더 비쌌을 것이 틀림없다."[75]

[국부론]에 의하면, 노동의 생산성을 증진시키기 위한 발명을 노예가 한다는 것은 기대할 수 없다.

노예가 되었다면 어떨까? 굶주림과 학대 하에서 매일 살아남는 것 외는 생각할 여유가 없을 것이다. 형편이 좀 나

75) 애덤 스미스, 최임환 역, 앞의 책, pp. 191~192.

아진다면 돈을 모아 자신을 속량(贖良)하거나, 물리적으로 탈출할 꿈을 꾸게 될 것이다.

그러니 노동생산성 증진 아이디어나 기계 발명은 생각도 못한다. 혹시 그런 제안을 하면, 일 덜하려고 잔꾀 부린다며 벌 받을 것이다.

그러니까 노예가 제조업에 종사한다면, 같은 제작품을 만들더라도 노예는 자유민이 하는 것보다 더 많은 노동을 해야 한다.

노예 노동이라고 싼 것만은 아니다. 노예 구입하는 초기 투자비, 먹이고 재우며 탈출방지 관리 등 많은 비용이 들어간다.

따라서 노예가 제작한 생산품은, 자유민이 제작한 것보다 더 비싸게 되는 것은 당연하다.

[국부론]에서는 광산의 사례를 들었다.

“몽테스키외 씨가 말한 바에 의하면, 헝가리의 광산은 그 이웃에 있는 터키의 광산보다 풍광(豊鑛)은 아니지만 항상 보다 적은 비용으로 가동되고 있었으며, 따라서 보다 많은 이윤을 올려왔다.

터키의 광산은 노예에 의하여 가동되고 있으며, 노예의 팔은 터키인이 이때까지 사용할 것을 생각해내었던 유일한 기계이다.

헝가리의 광산은 자유민에 의하여 가동되고 있으며, 그들은 많은 기계를 사용하여 자기네 노동을 촉진하고 단축시키고 있다."[76]

18세기의 헝가리는, 터키(오늘날의 튀르키예)에 근거를 둔 오스만제국과 이웃하고 있었다.

헝가리의 광산은 자유민에 의해 운영되므로 많은 기계를 사용하여 보다 적은 비용으로 많은 이윤을 낼 수 있었다.

반면 터키의 광산은 노예가 가동하는데, 주로 노예의 팔만을 사용하여 작업하므로 어떤 유리점이 없었다는 것이다.

이어서 [국부론]은 노예가 만든 공산품의 가격을 고찰한다.

"그리스인과 로마인 시대의 제조품의 가격에 관해서 알려져 있는 것은 얼마되지 않았다는 것에서 미루어 보아 비교적 우량한 제조품의 가격은 대단히 비쌌던 것 같다.

견직물은 그 중량에 상당하는 금으로 팔리고 있었다. 물론 그 당시의 견직물은 유럽의 제품은 아니었으며, 또

76) 애덤 스미스, 최임환 역, 앞의 책, p. 192.

한 그것은 모두 동인도에서 보내졌던 것이므로, 그 수송의 거리가 멀다는 것이 어느 정도 그 가격의 엄청났던 것에 대한 설명이 될 수 있을 것이다.

그러나 귀부인이 아주 좋은 아마포 1필(疋)에 지불하고 있었다는 가격도 이와 마찬가지로 엄청난 것이었던 것 같으며, 더욱이 아마포는 항상 유럽의 제품이거나, 아무리 멀어도 이집트의 제품이었으므로, 이 고가격은 그것에 충당되었음이 틀림없는 노동의 비용이 컸다는 것 이외에는 아무런 설명도 붙여질 수 없으며, 또한 이 노동의 비용 역시 그것이 이용한 기계가 불편한 것이었다는 것 이외의 어떠한 것에도 기인될 수 없었을 것이다.

뿐만 아니라 양질의 모직물의 가격도 그렇게 심히 엄청난 것은 아니었으나 현대의 그것보다는 훨씬 높은 것이었던 것 같다. 플리니의 말을 들으면 특수한 방법으로 염색한 어떤 복지는 중량 1파운드에 100 데나리우스(denarii), 즉 3파운드 6실링 8펜스 씩 먹혔다는 것이다. 다른 방법으로 염색한 다른 복지는 중량 1파운드에 1천 데나리우스, 즉 33파운드 6실링 8펜스였다는 것이다.

실은 이 고가격은 주로 염색에 기인하였던 것 같다. 그러나 그 복지 그 자체가 현재 만들어지고 있는 어떤 것보다 훨씬 더 비싸지 않았다면 그렇게도 비싼 염색은 하지 않았을 것이다. 종물의 가치와 주물의 그것 사이에 불균

형이 너무 지나치게 컸기 때문이었을 것이다."[77]

이 고찰에 의하면, 그리스 로마 시대에 견직물, 아마포, 모직물의 가격은 모두 매우 비쌌다. 그 이유는 전술한 바와 같이 노예가 노동을 한 제작품이었으므로 비쌌다는 것이다.

즉 노예 노동의 경우, 노무비가 매우 높아서 제작품이 비쌀 수밖에 없다는 것이다.

노무비가 매우 높은 이유는 전술한 바와 같이 노동시간이 길기 때문이며, 그리고 이용한 기계가 불편하였기 때문이다.

바꾸어 말하면, 노예의 노동생산성은 매우 낮다는 결론이다.

다시 정리하자면, 어떤 제품을 만드는데 자유민이 투입하는 노동시간보다 노예가 투입하는 노동시간이 많다.

모직물의 예를 들어 가정한다면, 100 kg의 모직물을 생산하기위해 자유민이 투입하는 노동시간이 50시간이고, 노예가 투입하는 노동시간이 100시간이라고 하자.

그러면 생산성은,

자유민의 생산성 = 100kg/50시간 = 2kg/1시간

노예의 생산성 = 100kg/100시간 = 1kg/1시간

77) 위의 책

따라서 자유민의 생산성보다 노예의 생산성이 작다. 그러므로 노예주인은 노예에게 보다 많은 노동을 시켜야만 하므로, 노예주인이 판매하는 모직물의 가격은 비싸질 것이다.

2. 김한진의 자유 경영

그러면 자유인의 생산성은 어떠한지 김한진(金漢鎭)의 경우를 살펴보자.

서신혜에 의하면, 이규상(李奎象 1727~1799)이 지은 [일몽고(一夢稿)]에 [김부자전(金富者傳)]이 수록되어 있다.78)

[김부자전]은 이렇게 시작된다.

"김부자는 인천부 사람이다. 이름은 한진(漢鎭)이요 부리(府吏)와 파총(把摠)을 지냈다. 보진(補賑)으로 가선대부에 승자(陞資)되었다. 그 집안 재산은, 고을 사람들의 말에 의하면 돈이 만냥이 가깝고 곡식이 천석에 가깝다고들 한다. 거부들의 예를 보면 원망을 받는 일이 많은데 김부자의 경우 서운해 하는 사람이 적다. 고을 사람들이 모두 그를 김부자라고 부른다.

78) 서신혜, [한국 전통의 돈의 문학사, 나눔의 문학사], 집문당, 2015, pp. 285~289

병술년(역자 주: 서기 1766) 가을 내가 인천부로부터 요양차 와 있었는데 부자의 둘째 아들 집이었다. 부자의 집이 그 위에 있고 셋째 아들의 집이 앞을 둘러싸고 있었다. 집은 문학산을 등지고 있었다. 한 마을 십여 가옥이 모두 부자의 소관이었다."[79]

인천부 문학산 근처에 사는 김한진은 김부자라고 불리우는 양민이다. 그러니까 노비 혹은 노예가 아니고, 자유인이다. 그러면 노예가 아닌 자유인이 자유롭게 농사를 지었을 때 어떤 성과가 있을 것인가?

저자는 문학산 근처의 문학경기장에서 2002년 6월 11일에 박사과정 제자와 함께 월드컵 경기를 흥미진진하게 보았다. 프랑스 대 덴마크 시합인데 프랑스가 0 대 2로 패배하였다. 당시 프랑스의 지네딘 지단(Z. Zidane, 1972생) 등 축구선수들의 정교한 플레이에 감탄하였다.

그러면 김한진의 농업 경영 이야기를 들어 보자.

"그 집 재산은 부자의 아버지로부터 증식되기 시작하였다. 그 아버지는 처음에 화살을 묶어 고기를 잡다가 농업으로 바꾼 후에야 비로소 가산을 일으키기 시작하였다.

그 아버지 때에, 창고에서 불이 나니 사람들이 그것을

79) 위의 책

끄고자 하였으나 그 아버지가 말리면서, '수고할 것 없다' 하였다. 불이 꺼지자 빗자루로 지붕을 쓰니 덮은 풀 아래가 모두 돌과 흙으로 되어 있어서, 불이 그 위를 지났으나 돌과 흙아래 곡식은 그대로였다.

부자의 아버지는 평생 짚신을 신었으며 손수 타작마당에 떨어진 이삭을 주웠다. 마을에서는 인색하다고들 하였다.

내가 묻기를 '치산에 기술이 있습니까?' 하니 답하기를 '기술은 없습니다. 나는 다만 부지런히 농사를 짓습니다. 농사를 부지런히 하면 늘 남보다 앞섰던 까닭에 간혹 유리한 일이 있을 뿐입니다. 그리될 것을 알아서 했던 것은 아니니 사람 힘으로 할 수 있는 일이 아닙니다' 하였다

"재산이 늘거나 주는 문제는 '절제하여 쓰는 것'이나 '함부로 낭비하는 것'과 관계됩니까?' 하니 '절약하니 식량이 남는 듯합니다. 그러나 부지런히 경작하고 재물을 아끼는데도 가난에서 벗어나지 못하는 사람도 있습니다."하였다.

'장사는 농사에 비할 때 어떻습니까?' 하니 '농사는 땅에 달려있으니 땅이 결국 근본이 되지요. 장사는 삼 년을 종사한다고 할 때 일 년은 이익을 보지만 이 년은 손해를 보게 되어 땅이나 소를 팔아야 보상을 할 수 있을 것입니다.' 하였다.

'당신은 말을 타고 다니며, 육식을 위주로 하여 먹으며 비단옷을 입습니까?' 하니 '말을 타면 반드시 동류를 만나 자주 말에서 내려야 하는 운수를 당하게 되니 말 타지 않는 것만 못합니다. 그런 까닭에 말 타는 것은 하지 않습니다. 육식은 해물류로 바꾸었을 뿐입니다.

비단은, 시골에서 비단옷을 입는 것은 비단옷을 입고 밤에 돌아다니는 것과 같으니 어찌 비단옷을 입겠습니까. 몸이 또한 건강하면 옷이 무거운 줄 모릅니다. 이런 까닭에 비단옷을 입지 않습니다' 하였다.

'당신의 아내는 깊은 곳에 거하며 나오지 않습니까?' 하니 '우리 고향 풍속에는, 백성이 감히 내외를 구분하지 않습니나. 나는 백성의 예에 따를 뿐입니다.' 하였다.

'자식에게 글은 가르칩니까?' 하니 '양민의 자식은 글을 잘 하기가 쉽지 않으며 또한 어디에 쓰겠습니까? 이름이나 쓰고 문권이나 보면 충분합니다. 12세가 될 때까지 글을 가르치고 장성하면 농사일에 들여보냅니다.' 하였다.

'당신의 부유함으로 첨사나 만호의 공명(功名)을 바꾸고자 하십니까?' 하니 '바꾸기도 어렵고 비록 바꿀 수 있더라도 낮은 관직으로는 오래도록 먹고 살 수 없으니 본분을 지키느니만 못합니다.' 하였다.

'어찌 많은 종들을 두어 편안하게 수고로움을 대신하지

않습니까' 하니 '백성의 노비는 도망하면 추쇄하기가 어려우니 고용인을 부리는 것만 못합니다.' 하였다. '고용인은 길게 부릴 수 있습니까?' 하니 '무릇 사람은 오래되면 마음이 변합니다. 고용인은 3~4년이면 좋습니다.' 하였다.

'당신의 친인척 중에 당신에게 근심을 끼치는 사람은 없습니까?' 하니 '나이 드신 숙부가 한 분 계십니다. 먹는 데에 궁핍한 때면 곡식을 보냅니다. 나머지 사람들은 다행히 춥고 배고픔은 면하고 삽니다.' 하였다.

'여러 아들이 있는데 아버지와 뜻을 같이합니까?' 하니 '지금은 다행히 나의 가르침에 따릅니다만 다른 날이야 어찌 알겠습니까,' 하였다.

'자식들에게 재산을 분배한 후로는 다시 관리하거나 점검할 수 있습니까?' 하니 '이미 가문이 나누어졌으니 일임할 뿐입니다.' 하였다.

'한 사람이 많은 땅을 경작할 수 없는데, 당신이 농사를 지을 때는 좋은 땅을 택하여 농사를 짓습니까?' 하니 '이와 같이 합니다. 내 땅이지만 좋지 못한 땅은 남에게 주면 사람들이 경작하고 싶어 하지 않아서 쉽게 묵은 땅이 되어 버립니다. 그래서 좋지 못한 것을 골라서 내가 스스로 거기에 농사를 짓습니다.' 하였다.

대저 부자의 말은 졸렬한 것 같으나 실질이 있었다. 그렇다면 아주 긴한 밑바닥에서부터 하여 이후 것을 만든 것이니, 황로(黃老)[80]의 뜻에 몰래 합하는 자인가. 천만의 재화를 쌓았고 다섯 아들을 두었으니 순수한 복을 누릴 만한데도 스스로 엎어지지 않았다.

그의 예를 기준으로 삼는다면 진실로 시골의 어두운 사람이라도 가능할 것이 아닌가. 아침저녁 밥 먹는 시간에 남이 만약 거기 가면 번번이 맨 입으로 돌아오지 않았다. 이런 까닭으로 솥에 들어가는 쌀이 항상 서너 말에 가까웠다고 한다.

공경하는 행동거지를 갖춘 가운데 능히 스스로를 지키고 밖을 부러워하지 않으니, 이것이 '귀한 집 자손은 마루 끝에 앉아 있으면 안된다'는 것을 말함이다. 그 말 '하려고 해서 한 것이 없는데도 되었다'는 것은 천명을 아는 자의 말에 가깝다. 이런 까닭에 [김부자전]을 짓는다."[81]

김한진은 양민이다 노예가 아닌 자유인이므로 자신의 뜻대로 창의력을 맘껏 발휘할 수 있었다.

그가 농사지으며 재산을 모은 비결들과 그에 대한 현대적 해석은 다음과 같다.

• 부지런히 농사를 짓는다. 그리하면 간혹 유리한 일이 있다 : 자유인이기 때문에 부지런하다. 누가 시켜서 한

80) 황제(黃帝)와 노자(老子)
81) 서신혜, 앞의 책, pp. 285~289.

다면 인간의 심성으로는 절대 부지런할 수가 없다. 근면 성실한 것이 경영 비결이다.

• 절약하니 식량이 남는 듯하다 : [국부론]의 구절대로 절약과 인색이 자본을 축적하게 한다.

• 장사는 손해 볼 확률이 높다. 3년중 2년 (67%)의 실패 가능성이 있다 : 김한진의 부친은 어업을 하다가 농사로 전업하여 가산을 일으켰다. 그래서 김한진은 농업에 대한 신념을 부친으로부터 이어받았다.

• 말은 타지 않는다. 내려서 인사하는 시간을 아끼는 것이다 : 검소하고 시간을 아낀다. 보도에 의하면, 탤런트 전원주는 평생 아끼면서 후배들에게도 절약과 검소를 가르친다고 한다.

"전원주는 돈을 모은 비결도 밝혔다. 그는 '지금도 아끼고 아껴서 전철, 버스 탄다. 한 번은 택시를 탔다가 요금 올라가는 게 무서워서 내린 적이 있다'라고 말했다. 또 자신의 아들이 외제차를 타고 와 혼을 낸 적이 있다며 '허세를 부리지 말고 내면의 살을 찌워야 한다. 화르르 올라가면 날려 버리기 쉽다. 쓰는 재미보다 모으는 재미가 좋다'고 밝혔다." (매일경제 2022.1.17.)

• 육식 대신 해물류를 먹는다 : 이것은 영양가 같으면서도 비용 절감의 효과가 있다.

• 비단 옷을 안 입는다 : 불필요한 비용을 절감하는 뜻이다.

• 아내는 내외 구분하지 않는다 : 허례허식을 하지 않는다.

• 자녀의 교육은 12세까지 글 가르치고 그 후에 농사일을 시작한다 : 불필요한 전문교육보다는 실질적인 직업교육을 시킨다.

• 관직에 진출하지 않는다. 실속없는 공명을 얻으려는 것보다 본업인 농업에 충실하다 : 현대에도 기업인이 정계를 기웃거리는 것보다는 국가경제에 이바지할 길을 찾는 것이 바람직하다.

• 노비보다 고용인을 선호하지만, 고용인도 마음이 변하기 때문에 3~4년만 둔다 : 이것은 오늘날의 노사관계 관리에 참고가 된다.

• 숙부를 돌본다 : 이것은 오늘날의 ESG 경영에 해당

한다.

- 자녀의 재산관리를 각 자녀에게 일임한다 : 독립 채산제로 분쟁을 예방하는 의미가 있다.

- 좋은 땅은 남에게 위임하고, 나쁜 땅은 본인이 경작한다 : 예를 들어 대리점 운영이 어려울 때에는 직영점을 두는 것이 좋은 경우가 있다. 어려운 사업 부문은 직접 운영한다면 해결이 쉬울 수 있다.

이러한 농업 경영의 비결들은 그를 부자로 만들었다. 그러면, 그는 어떻게 그러한 비결을 깨닫고 실천할 수 있었을까?

이것은 김한진이 자유인으로서 농토를 소유했으므로 스스로의 의사결정으로 농사를 짓다보니까 그러한 비결을 깨달은 것이다.

그 비결을 실천해 가면서, 더욱 더 정교하고 효과적인 비결을 발견하게 되었을 것이다.

만일 그가 노비였다면, 그러한 비결을 깨달을 여유가 없었을 것은 물론이다.

노예 노동이 아니라 자유시민의 자유 경영이 김한진을 부자로 만들었다.

개인은 소유한 기업에서 스스로의 의사결정으로, 마음껏 사업을 할때 가장 큰 번영을 누린다. 자유로운 개인들의 성공이 모여서 국가는 가장 큰 번영을 구가한다.

그러면 현대판 노예노동의 경우를 보자.

사회주의 국가의 집단농장은 각 노동자가 자유로운 의사결정을 하지 못하고, 노력에 비례하는 보상을 받지 못한다. 그런 의미에서 집단농장의 노동자는 로마 시대의 노예나 조선시대의 노비와 같다.

공산국가 소련에서는 개인농장을 없애고 집단농장을 실행함으로써, 경제는 파탄되고 국가는 해체되었다.

저자는 1991년 7월 6일부터 7월 19일까지 소련과 동구지역을 연수팀으로 여행하였다. 소련이 해체되기 전이어서 당시 공산국가의 분위기를 주마간산(走馬看山)으로나마 엿볼 수 있었다.

모스크바를 방문해 보니까, 첫인상은 생각보다는 자유롭고 밝았다. 여름이라서 햇빛이 찬란했고, 사람들의 의상도 인민복으로 획일적이 아니라 여느 자유국가처럼 개방적이다. 건물이나 성당의 흰색 디자인과 금빛 첨탑이 화려했다. 건물

내부 디자인도 천연 나무 색깔을 주로 사용해서 부드러운 분위기였다.

월급에 대해서 물어보니까 거의 비슷한 수준이다. 의사, 기술자, 교수 등이 월 3만원(우리나라 화폐로 환산한 금액) 정도 받는다. 호텔의 가게 판매원이나 관광버스 안내원의 월급도 3만원이다. 퇴직한 사람의 연금도 월 3만원 정도라고 한다. 그러니까 소득의 평준화이다. 그러나 당시 우리나라 중류 봉급자의 1/80 수준이니까, 러시아의 물가수준이 매우 낮긴 해도 어렵게 살아가는 것 같았다.

장미꽃 농원을 방문하였는데, 광대한 면적으로 기계시설도 잘 갖추었다. 이것은 각종 행사를 위한 장미꽃의 생산을 위한 것이다. 2~3일 방문이긴 하지만 경제 상황이 좀 쇠락했다는 느낌을 받았다.

집단농장의 설립과 그 결과에 대한 존 톰슨(John M Thompson)의 묘사를 들어 보자.

〈사례〉 소련 집단농장의 설립과 결과

두 번째 환상– 스탈린의 경제 혁명

키이우 공과대학교(Kiev Polytechnical Institute)의 강의들은 여름방학 후에 최근에야 열렸다. 소규모의 학생 일행이 주 강의동 앞에 추운 황혼에 떨면서 서 있다 며칠 전인 1929년 10월말에, 그들은 스탈린(Stalin)이 최근에 선포한 '전원지역의 사회주의 혁명(the socialist revolution to the countryside)'을 이행하는 운동에 앞장 서기위해 자원했다.

그와 공산당은 집단농장(collective farms)을 건설하기로 결정하였다. 소비에트(Soviet) 지도자들은 빈곤층과 중산층의 농부들이 자발적으로 이 농장들에 가담할 것으로 희망하였다. 각각의 농부가족은 토지와 곡식종자와 대형농기구들과 가축을 집단농장(kolkhoz)에 기부할 것이다.

집단농장에 들어온 모두의 자원들을 집합적으로 이용하여 농부가족들은 다같이 농장을 운영할 것이다. 정부는 트랙터와 다른 기계들을 공급할 것이며 집단농장의 생산물들을 고정된 가격에 매입할 것이다. 각각의 집단 농부(collective farmer)는 집단농장의 수입과 잉여생산물을 그 혹은 그녀의 노동의 수량(amount)과 복잡성(complexity)에 비례하여 받게 될 것이다.

이런 종류의 협력적 농장운영(cooperative farming)은 얼마 전의 신경제계획(NEP)에서 시도되긴 하였으나 단지 소규모로였다. 이제 스탈린은 거의 모든 농업이 집단농장으로 변환되기를 원한다.

대기하는 학생들은 한 명만 빼고 모두 콤소몰(Komsomol) - 공산당(Communist Party)의 청년조직 - 에 속해 있으며, 몇 명은 분담 지도자(section leaders) 혹은 악티비스티(aktivisti, 활동가)로 봉사하였다. 비록 며칠 동안 수업을 결석하여 학업에 방해되지만, 다수 학생들은 이 새로운 운동을 받아들였다. 그들이 알기로는, 또한 특별한 노동자 지원자들, '이만오천명(Twenty-five Thousanders)'이라는 공산당이 충원하기 원하는 숫자에 따라 칭해지는 지원자들도 이 집단농장 운동(collectivization drive)에 가담하기 위해 소집되었다. 그들은 국가적인 노력의 한 부분이라는 것에 자부심을 느꼈다.

그날 저녁에 그 학생들은 키이우(Kiev)에서 200 마일 가량 떨어진 작은 읍(town)으로 이동되었다. 그곳에서 그들은 지역 책임자들로부터 2시간의 안내를 들은 후에 버스로 몇 마일 떨어진 85가구 가량의 마을(village)에 도착하였다. 공산당 담당 관리들은 설명하기를 농부들은 국가의 집단농장 설치 제안에 거의 관심을 가지고 있지 않다고 하였다. 학생들 각자는 4~5 가구들을 방문하여 주민들에게 집단농장 계획의 장점에 대해 설명하고, 가구주가 집단농장의 조직문서에 서명하도록 혹은 'X' 표시를 하라고 설득하는 임명을 받았다.

나이가 가장 많은 여학생인 쏘냐(Sonya)는 그가 대화한 대부분의 농부들이 제안된 변화에 대하여 무관심하거나 적대적이라는 것을 발견하고 실망하였다. 오후 3시경 공산당 관리가 들러서 그녀의 진척에 대해 물었는데, 쏘냐는 단지 한 가족만

임시로 동의하였지만, 서류에 서명하기는 의심하면서 거절하였다고 보고하였다. 이 실망스러운 결과에 대해 동요하지 않고, 그 관리는 쏘냐에게 친절하게 마을 가게에 모이라고 하였으며, 버스가 그들을 도시로 다시 데려다 줄 것이라고 하였다.

그 학생들이 버스를 기다리고 있을 때, 그 학생들은 위장된 군대 트럭들이 마을의 두 주요 도로의 양쪽 끝에 멈춰있는 것을 보았다. 무장한 군인들(쏘냐가 나중에 알게 된 바에 의하면 그들은 비밀경찰의 특수부대였다)이 내려서 마을을 순찰하면서 각 가옥들을 방문하였다. 두려움에 떨면서, 쏘냐는 경찰 한명이 저항하는 가구에게 단호하게 말하기를 40분 내에 짐을 싸라고 하는 것을 들었다.

쏘냐는 이제 알게 되었는데, 집단농장에 가입하기를 거절한 사람들은 얼마의 개인 소지품만 가지고 군대 트럭에 실려서 도시로 이동되었다. 그날 밤에 그 사람들은 죄인수송차량에 실렸고, 나중에 강제추방 열차에 부착되어 가엾은 농부들은 우랄(Urals)의 유형지로 이송되었다. 이송 도중에 많은 사람들이 사망하였다.

1929~1930년의 집단농장 운동의 일부로서, 공산당은 특별히 "쿨라크(kulaks, 부유한 농부들)"를 겨냥하였다. 소비에트의 한 소설가는, 전형적인 마을에서 실제로 발생했던 사실들을 기술하였다:

"우리 마을에서 쿨라크들은 걸어서 끌려나왔다. 그들은 등에 이고 갈 수 있는 침구와 의복들만 소지하였다. 진흙탕은 깊어서 발에서 신발이 벗겨질 지경이다. 보기에도 끔찍하였다. 그들은 한 줄로 행진하면서 그들의 가옥들을 돌아보았는데, 그들의 신체는 아직 집에서의 따뜻한 온기를 지니고 있다. 그들이 겪어야 할 고통은 얼마나 클 것인가!

무엇보다도, 그들은 그 가옥에서 태어났고 그 객실들에서 딸들을 결혼시켰다. 난로에 불을 때었고 양배추 스프를 만든 것이 아직 그곳에 남아있다. 우유를 미처 못 마셨고, 굴뚝에선 아직 연기가 오르고 있다. 여인들은 흐느껴 울며 두려워서 비명을 지르지도 못한다. 공산당 활동가들은 그들을 거위떼처럼 몰아냈다"

집단농장화는 1920년대 후반의 "두 번째 혁명(second revolution)"의 일부인데, 1917년 10월의 혁명보다 더 중대하고 전면적인 대 격변이다. 10월의 혁명에서는 볼셰비키(Bolsheviks)가 정치적 권력을 잡았고 러시아의 경제적, 사회적, 민족적 관계들을 철저하게 재구성하였다. 두 번째 혁명에서는 소비에트 시스템의 경제적 기반을 변화시켰다. 농부들을 집단농장으로 내몰면서 전원지역 인구 대부분의 작업과 삶의 질서를 절대적으로 재배열했다.

공산당은 또한 국가의 산업화와 도시화를 극적으로 촉진하였다.

더 나아가 이 대규모의 노력은 거대하고 강력한 비효율적인 관료주의 속에서 국가와 공산당 기능들에 기반을 가진 소수의 엘리트들에 의해 지배되는 권위주의적인 정치 시스템의 고착화를 가져왔다.

이 체제는 소비에트 용어에 의하면 명령-행정 시스템(the command-administration system)인데, 조금 변화하면서 반세기 이상 지속되었고 미하일 고르바초프(Mikhail Gorbachev)의 개혁(perestroika)과 개방(glasnost) 정책에 의해 1980년대 말에 와서야 약화되었다.[82)]

후기: 무엇이 잘못되었나?

나는 아르카디(Arkady S.)를 1985년에 처음 만났다. 그는 세계 2차대전의 초기에 그의 고향인 오데사(Odessa)의 포위를 생존하였다. 나찌(the Nazis)는 그의 부모를 살해하였고 그는 1946년의 기근으로 거의 굶어죽을 뻔 했었다.
그후 그는 소비에트(Soviet) 통치 하에서 중류 정도로 살았고, 오데사가 독립된 우크라이나(Ukraine)의 일부가 된 이후에 개혁(perestroika) 시기와 1990년대 초기의 여건들에 불행하긴 했었지만, 그는 여전히 낙관적이었었다.

1994년 가을에 그와 부인과 아들은 돌연 미국으로 이민가기로 결정했다. 그 이동은 비통한 것으로 입증되었다. 그의 아들은 나에게 말하기를 그 가족이 처음 미국 수퍼마켓에서 쇼핑했을 때, 그의 아버지는 울기 시작했다 "왜 우리 고향에서의 삶은 더 낫지 않았던가? 왜 나의 힘든 작업의 량이 아무것도 아니었던가?" 아르카디(Arkady)는 불쑥 내뱉었다 "무엇이 잘못되었나? "

82) Thompson, John M, *A Vision Unfulfilled- Russia and the Soviet Union in the Twentieth Century*, (Chapter 6. A Vision Renewed- Stalin's Economic Revolution), D. C. Heath and Company, Lexington, MA. 1996. pp. 233~235.

그럴 만하게도, 소련 시민이었던 많은 다른 사람들도 같은 질문을 던지곤 했다.[83]

83) Thompson, John M, 위의 책, (EPILOGUE. What went wrong?), page A1.

제 4 부

마케팅

제 1 장　홍성민의 소금 무역

제 1 장

홍성민의 소금 무역

창업가 정신, 경영학, 한국 경영학에 대해 살펴보았다.

사업 전략 측면에서 최생의 효도 창업, 신류의 승리 경영, 허공의 목표 경영을 고찰하였다.

인사관리 측면에서 홍순언의 명예 경영과 김한진의 자유 경영을 검토하였다.

예전에 죄인을 귀양 보내곤 했는데, 그러면 귀양가서 어떻게 먹고 살았을까?

홍성민(洪聖民, 1536~1594)[84]의 귀양살이 기록을 보면, 나름대로 사는 방법이 있었다.

"내가 영성(寧城)[85] 땅으로 귀양을 가서 몇 개월 지나

---

84) 역자 주: 선조때 호조참판, 1591년에 영성(寧城)으로 유배되었다가 1년 뒤 특사

85) 역자 주: 부령(富寧)의 별칭. 함경북도 두만강변의 고을. 동쪽은 바다

지 못해 양식이 떨어졌다. 먹을거리가 없어 그 고장 사람에게 의논하였더니 이런 말을 해주었다.

'여긴 바닷가라 곡식은 귀하고 소금이 천한데, 야인(野人)의 땅[86]은 곡식은 남아돌고 소금이 귀하답니다. 바닷가의 소금을 사서 야인의 곡식과 바꾸면 밑천으로 삼은 곡식의 여러 배를 남길 수 있지요. 그러면 당신네들은 입에 풀칠을 할 수 있을터라 걱정할게 없지요.'

나는 그의 말을 듣고 처음엔 '장사치의 소행인데 나로서는 차마 못할 짓이다'라는 마음이 들어 한동안 주저하였다.

그러다가 빈창자에서 소리가 꼬르륵 들리고 하인들이 불평하는 정경을 눈앞에 보고는 당장에 굶어죽는 것을 면해야겠다고 생각했다.

그래서 이 고장 사람들이 가르쳐준 계책을 따라해 보기로 작정하였다. 하지만 나의 얼굴은 계면쩍었고 마음도 편치 못했다.

노복을 시켜 곡식 몇 말을 짊어지고 바닷가 90리 되는 곳으로 가서 소금을 무역하도록 하니, 바꾸어 온 소금은 1곡(斛, 열 말) 정도의 분량이었다. 소금을 말에 실어 북관(北關) 120리 밖으로 가서 곡식을 바꾸어 오니 이번에

까지 83리, 남쪽은 경성부(鏡城府)까지 62리, 서쪽은 야인 거주 경계까지 35리, 북쪽은 회령부(會寧府)까지 38리, 서울까지 1,815리.

86) 역자 주 : 두만강 건너 여진족이 거주하는 연변(延邊)지역.

곡식은 5곡이나 되었다. 양쪽으로 왕래하면서 교역하는데 기간은 대략 반달 정도 걸렸다. 나의 말은 지치고 나의 노복은 괴로웠지만 나의 배는 주리지 않게 된 것이다.

바야흐로 양식이 떨어지자 온 집안에 원망이 가득하고 사람의 꼴들이 아니었다. 노복이 곡식을 짊어지고 떠남에 모두들 나와서

'밥 지을 식량이 없다. 너는 이틀 안에 꼭 소금을 사가지고 오너라'

고 다짐들을 하였다.

다시 소금을 짊어지고 떠남에 당해서는

'굶은 지 벌써 여러 날이다. 얼른 가서 곡식으로 바꾸어 오너라.'

고 재촉하였다. 노복이 소금을 지고 떠난 다음엔 손꼽아 그가 돌아올 날만 기다리는 것이었다. 그러다가 노복이 곡식을 바꾸어 가지고 돌아오자. 온 집안사람들이 곡식을 둘러싸고 서로 바라보며 하는 말들이 한입에서 나온 듯하였다.

'이 곡식을 얻었으니 우리들 조석 간에 달린 목숨을 구할 수 있게 되었구나.'

그 곡식을 가지고 밥을 지어 숟가락으로 떠서 입에 넣자, 밥 한알 한알이 참으로 맛있었다. 주린 배는 차고 마른 뼈에 살이 붙자 몸도 느긋해지고 마음도 기꺼워지는 모양들이었다. 모두 머리를 맞대고 축하하는 말들이 이러했다.

'이렇게 소금과 곡식을 바꿔오지 않았던들 우리는 구렁에 버려져 죽을 목숨이다. 이제부터 우린 북쪽 변경에서 굶어죽는 귀신이 되는 걸 면했구나.'

나는 처음에는 장사하는 것을 부끄럽게 여겼고, 중간에는 장사하는데 마음이 괴로웠으며, 마침내 식량을 얻음에 당해서는 다행으로 여기게 되었다. 그것을 얻으면 살고 얻지 못하면 죽을 수밖에 없으니 밤과 낮으로 약간의 곡식을 얻는 것을 고대한 나머지 마음이 다급해져서 오직 이 장사가 오래가지 못할까 걱정하는 판이다. 마음을 붙잡는 것은 오직 이 몸뚱이를 건사하는 일이다. 음식은 목숨의 급한 바라. 부끄러워할 줄 아는 본심을 다 잃어버리게 된 것이다. 그리하여 어느덧 습관을 이루어 드디어 처음과는 전혀 딴판의 사람이 되고 말았구나. 때때로 웃음이 나와, 스스로 자신을 돌아보고 웃다가 끝내는 서글프고 스스로 안타깝게 여기기도 하였다.

무릇 천지간에 백성은 직분이 사(士)·농(農)·상고(商賈)의 세 가지가 있을 따름이다. 나는 소싯적부터 성현의 책을 읽고 오직 도(道)만을 도모하여 옛날을 상고하는 일이 아니면 돌보지 않았으니, 그야말로 사(士)라고 할 수 있었다. 그런데 늘그막에 구복(口腹)의 종이 되어, 먹고 살아가기 위해 하는 장사 말고는 하는 일이 없게 되었다. 이야말로 장사치의 행위가 아닌가."[87]

홍성민은 귀양 가서 양식이 떨어졌다. 죄인의 신분으로 재화를 많이 가지고 가지는 못했을 것이다.

이제는 현지 조달 밖에 없다. 다급하여 물어보니, 방도가 있다.

동쪽으로 83리(33.2km)의 거리에 동해바다가 있다. 그곳에서 곡식값은 비싸지만, 소금 값이 싸다. 그래서 곡식을 가져가면 소금을 싸게 살 수 있다.

서쪽으로 35리(14km)의 거리에 여진족들이 사는 연변이 있다. 그곳은 곡식값이 싸고, 소금값이 비싸다. 그래서 소금을 가져가면 곡식을 싸게 살 수 있다.

그러니까 동해바다에 가서 소금을 구해서, 연변에 가서 곡식으로 바꾸면 많은 곡식을 얻을 수 있다는 이야기이다.

홍성민은 영 내키지 않았다. 선비로서 곡식값, 소금값이 어쩌고 하니까 정체성 위기를 느꼈다. 그러나 배에서 꼬르륵

87) 임형택, [한문 서사의 영토 1], '소금무역', 태학사, 2012, pp. 111~114.

소리가 들리니 어쩔 수 없었다.

늙은 종은 몇 말의 곡식을 짊어지고, 말에 싣고 90 리(36 km)를 걸어서 동해 바닷가로 갔다.

그래서 1곡(斛, 10 말)의 소금을 구해 왔다.

다시 늙은 종은 소금을 싣고, 두만강을 건너 연변으로 120리(48km)를 걸어간다. 종의 고생이 말씀이 아니다. 이윽고 그 소금을 팔아서 곡식 5곡(50 말)을 싣고 돌아왔다.

그러니까 이 거래를 통해서 몇 말의 곡식이 50 말의 곡식으로 돌아오게 된 것이다.

이렇게 양식을 구하는 길이 열렸지만, 홍성민은 선비로서 장사치의 행위를 하게 되어 괴로워하는 모습니다.

그렇지만, 이것은 그가 괴로워할 일이 전혀 아니다. 누구로부터 빼앗은 것이 아니기 때문이다.

홍성민을 먹여 살린 것은 자유시장경제의 '보이지 않는 손(an invisible hand)'이다.

1. 보이지 않는 손

[국부론]은 '보이지 않는 손'에 대해 이렇게 설명한다.

"모든 개인은 그가 좌우할 수 있는 모든 자본에 대해서 가장 유리한 용도를 발견하고자 끊임없이 노력하고 있다. 물론 그의 안중에 있는 것은 자기 자신의 이익으로 그 사회의 이익은 아니다. 그러나 그 자신의 이익에 대한 추구가 자연적으로, 또는 오히려 필연적으로 그를 이끌어 사회에 가장 유리한 용도를 선호하게 한다.

첫째로, 각 개인은 자기의 자본을 될 수 있는대로 가까운 곳에서, 그 결과 될 수 있는 대로 자기 나라의 근로활동을 유지하기 위해서 사용하려고 노력한다. 다만 이 경우에 언제나 필요한 조건은 그가 그 자본에 대해서 통상적인 이윤, 또는 그보다 그다지 적지 않은 정도의 이윤을 얻을 수 있다고 하는 것이다.

둘째로, 자기의 자본을 나라 안 근로의 유지에 사용하는 모든 개인은 반드시 그 근로를 자기의 생산물이 가능한 최대의 가치를 가지는 방향으로 돌리려고 노력한다.

근로의 생산물이란 노동이 가해지는 대상물 또는 원료에 대하여 그 근로가 새로이 덧붙이는 것을 말한다. 그리하여 기업주의 이윤은 이 생산물의 가치가 크냐 작으냐에 비례하여 크거나 작을 것이다. 어떤 사람이 어떤 근로의 유지에 일정한 자본을 사용하는 것은 오직 이윤을 얻기 위해서이다. 그러므로 그는 언제나 그 생산물이 반드시 최대의 가치를 가질 것 같은 근로활동, 즉 화폐나 다른 재화의 최대량과 교환될 것 같은 근로활동의 유지에 이 자본을 사용하려고 노력한다.

그러나 각 사회의 해마다의 수입은 그 사회의 근로활동의 해마다의 전 생산물의 교환가치와 언제나 정확히 같다. 아니 바로 이 교환가치와 정확하게 동일물인 것이다. 그러므로 각 개인은 자기 자본을 될 수 있는 대로 많이 자국의 근로활동의 유지에 사용하고 그 근로활동으로 하여금 그 생산물이 최대의 가치를 가지도록 노력하게 된다면, 각 개인은 필연적으로 사회의 해마다의 수입을 될 수 있는 대로 최대로 하려고 노력한 것이 된다.

물론 그는 사회공공의 이익을 촉진하려고도 하지 않고, 그가 어느 정도 사회공공의 이익을 촉진하고 있는지도 모른다. 그가 외국의 산업을 유지하지 않고 국내의 산업을 선호하는 것은 오로지 자기 자신의 안전을 기도하기 때문이고, 그가 그 산업을 그 생산물이 최대의 가치를 가지도록 운영하는 것은 오로지 그 자신의 이득만을 기도하는 것이다.

그리하여 그는 이 경우에 다른 많은 경우에 있어서와 같이 '보이지 않는 손'에 이끌려 그가 전연 의도하지 않았던 한 목적을 촉진하게 되는 것이다. 그것이 그가 의도한 바가 아니라는 것은 반드시 사회에 대해서 나쁜 것은 아니다. 그는 자기 자신의 이익을 추구함으로써 진실로 사회의 이익을 증진코자 의도하였을 때보다도 더욱 유효하게 사회의 이익을 증진하는 수가 많은 것이다. 나는 사회의 복지를 위해서 사업을 하는체하는 사람들에 의해서 진실로 복지가 이루어진 예를 아직 알지 못한다.

이러한 거만한 태도는 실로 상인들 사이에는 그리 일반적인 것이 아니므로, 이를 중지시키는 데에는 몇 마디 말밖에 더할 필요가 없을 것이다."[88)]

이처럼, 개인은 자기의 자본을 가급적 본국에 투자하려고 한다. 이것은 개인 스스로의 안전을 위해서이다.

둘째로 자기의 자본을 가지고 최대의 이윤을 얻도록 그 자본을 사용하려고 노력한다. 그 결과로서 개인의 자본은 안전하게 최대의 이윤을 얻게 된다.

그러면 개인의 수입도 최대가 되고, 그것이 모인 사회의 수입도 최대가 된다.

그 개인이 사회공공의 이익을 의도 하지 않았지만, '보이지 않는 손'의 인도로 그러한 결과가 달성된다는 것이다.

'보이지 않는 손(an invisible hand)'은 모든 것을 명쾌하게 설명한다.

예를 들어 내가 시장조사를 해보니 통닭구이 장사가 가장 큰 이윤을 보장할 것으로 예측해서, 창업하고 열심히 일해서 돈을 벌었다고 하자. 나는 다른 사업을 하는 경우보다 더 많은 최대의 소득을 얻을 수 있었다. 또 농촌의 닭농가와

88) 애덤 스미스 저, 최호진 · 정해동 역, [국부론 상], 제4편, 제2장, 범우사, 1992. pp. 550~553.

튀김기름 등 부재료 판매상도 똑같이 가장 큰 이윤을 얻는 방향으로 사업을 하므로 그들 각자의 소득도 최대로 증가한다. 결국 한국의 국민총생산은 최대로 증가된다.

창업가는 '개인에게 가장 유익한 일'을 추구하면 된다. 그러면 그 결과로 '사회에 가장 유익한 일'을 한 셈이 된다.

홍성민은 몇 말의 곡식을 자본으로 소금을 샀다. 다음에는 그 소금을 팔아서 곡식을 샀다. 그리하여 50 말의 곡식이라는 최대의 가치를 돌려받게 된 것이다.

이 장면에서 이익을 본 사람은 홍성민 뿐만이 아니다. 소금장수 수입이 증가했고, 쌀 장수도 수입이 증가했다. 해당 지역의 국민총생산이 증가했다. 홍성민은 공공의 이익을 촉진한 결과가 된 것이다.

즉 '보이지 않는 손'이 역할을 했다. 홍성민을 먹여 살린 것은, 자유시장경제(自由市場經濟, free market economy)의 '보이지 않는 손'이다.

그런데 여기서 다른 측면을 생각해 보자. 임금이나 사회가 '보이지 않는 손'을 방해할 수 있다는 사실이다.

이 회고록에서, 홍성민이 소망했던 것은 이것이다.

"경사(經史)를 인용하고 도리를 담론하며 성인(聖人)을 배우는 무리였다. 그리하여 임금을 요순(堯舜)과 같은 성군으로 만들고 그 은택이 백성에게 고루 미쳐 삼대(三代) 이전의 시대로 진입하기를 소망하였다."[89]

여기서 언급된 '임금'이라는 존재는 아인 랜드가 언급한 '사회'라는 존재와 비슷하다.

"신비주의자를 자처하는 사람들은 자의적이고 설명 불가능한 '신의 의지'를 선의 기준으로, 윤리의 척도로 내세웠다. 신(新)신비주의자들은 신의 의지를 '사회의 선(善)'으로 대체했으며, 그리하여 선의 기준은 사회의 유익한 것이라는 식의 동어 반복적인 정의(定義)의 늪에 빠지고 말았다.

이는 곧 논리적으로, 또 오늘날 전 세계적으로 통하고 있는 관행에서 '사회'가 그 어떤 윤리원칙보다 위에 선다는 것을 의미한다. 왜냐하면 사회가 윤리의 원천이자 표준이고 기준이며, 또 '선'은 사회가 의도하는 모든 것, 말하자면 사회가 사회의 행복과 쾌락이라고 주장하는 모든 것이기 때문이다.

이는 곧 '사회'는 하고 싶은 것이면 무엇이든 다 할 수 있다는 의미이다. 사회가 하고자 하는 것이 곧 선이기 때문이다. 엄밀히 따지면 '사회'같은 실체는 절대로 있을 수 없고 또 사회는 단지 다수의 개인들에 불과하기 때문에,

---

89) 임형택, [한문 서사의 영토 1], "소금무역", 태학사, 2012, pp. 111~114.

사회가 선택하는 것이 곧 선이라는 말은 일부 사람들(과반수 혹은 사회의 대변자라고 주장하는 집단)은 자신이 추구하기를 원하는 충동이면 무엇이든 윤리적으로 추구할 자격을 누리는 한편, 다른 사람들은 그 집단의 욕망을 충족시키는 쪽으로 살 의무를 도덕적으로 진다는 것을 의미한다."[90]

아인 랜드는 '사회가 곧 선'이라는 기준을 비판한다.

'사회가 선택하는 표준'을 사람들이 꼭 따라야 한다는 것은 일종의 톱다운(top-down) 방식이라고 할 수 있다.

이것은 당연히 개인들의 선택이 모이는 버텀업(bottom-up) 방식을 억압하게 된다.

임금의 은택도 톱다운(top-down) 방식이다. 이것은 개인들의 선택 자유를 억압한다. 예를 들어 선비는 농 · 공 · 상을 선택하지 못한다.

그런데 '보이지 않는 손'은 개인들의 선택이 모여서 작동하는 버텀업(bottom-up) 방식이다. 예를 들어, 개인들이 사 · 농 · 공 · 상을 선택할 수 있을 때 작동한다.

다행히 홍성민은 장사에 나섬으로써 '보이지 않는 손'의 버텀업 방식에 참여하였다.

---

90) 아인 랜드, 앞의 책, p. 24.

이제 현대로 화제를 돌리기로 하자. 홍성민이 이 21세기에 살았다면, 그에게 돈과 양식을 구할 더 좋은 방법을 소개하고 싶다.

'유튜브(Youtube)'를 이용하여 돈을 버는 것이다. 귀양살이하는 모습과 소금 무역하는 모습을 촬영하여 동영상을 올리면 크게 인기를 끌고 수익도 창출하지 않았을까 상상해 본다.

유튜브는 세계에서 가장 큰 동영상 사이트이다. 2005년 처음 만들어진 이후에 2006년 구글(Google)에 인수되었고, 2008년에는 한국어 서비스를 시작했다.

유튜브 생태계를 이루는 요소는 크리에이터(Creater), 사용자(User), 광고주(Advertizer)이다.

크리에이터는 동영상을 생산하여 올리는 사람이다. 자신의 팬 커뮤니티를 만들어간다. 사용자는 시청하면서 댓글 등으로 사회적 관계를 형성한다. 광고주는 광고를 붙여서 돈의 흐름을 만든다.[91]

그러면, 유튜브에서 성공하는 방법을 알아보자.

---

91) 유튜브연구회 지음, 정재훈 감수, [콘텐츠로 스타되고 광고로 수익얻는 유튜브], ㈜도서출판 길벗, 2014, pp. 38~39.

〈사례〉 유튜브에서 성공하는 3원칙

1원칙: 이 주제는 나를 즐겁게 하는가?

동영상을 제작하고 채널을 만들어나가는 것을 스스로 즐겨야 한다. 이 즐김은 표정이나 몸짓, 언어로 전달되어서 사용자들이 알아차리게 된다.

즐기는 크리에이터는 주제에 관심을 갖고 지식을 탐구한다. 그리고 꾸준히 하게 된다.

우공이산(愚公移山)이라는 정신으로 1년 이상 수년이라도 노력해야 팬이 생긴다.

동영상의 질을 높이는 것은 좋지만, 너무 시간과 노력을 소진하는 것은 문제가 있다. 1년에 1편 최고의 동영상보다는, 질은 좀 떨어져도 매월 1편씩, 혹은 매주 1편씩 52개의 동영상을 만들어 올리는 것이 성공 가능성을 높인다.

스토리텔링과 아이디어에 집중한다면, 스마트폰으로 찍어서 올리는 동영상도 사용자는 재미있게 보게 된다.

2원칙: 이 주제는 사용자의 눈을 사로잡을 수 있는가?

동영상이 사용자들의 눈을 사로잡아서, 시청에 끝나는 것이 아니라 사용자 스스로의 소셜 네트워크에 공유하고 싶을 정도가 되어야 한다. 그만한 가치를 동영상이 가지고 있어야 한다. 어떤 경우엔 다른 크리에이터들과 협업(collaboration)할 수도 있다. 공동작업이나 어떤 이벤트를 통해 동영상을 만들고, 그 영상을 크리에이터 각자의 채널에 올리는 것이다. 그리하여 새로운 잠재적 팬층에게 다가갈 수 있다.

동영상을 시리즈로 제작하는 경우도 있다. 그런 경우, 사용자가 모든 시리즈의 편들을 다 본다는 보장은 없으므로, 각 동영상들은 자체로서 완결성을 가지고 즐길 수 있도록 만드는 것이 좋다. 만일, 개별 동영상들간의 관련성이 높은 경우라면 각 편의 앞부분에 전편들의 줄거리 요약을 넣는 방법도 있다.

3원칙: 이 주제는 사용자들을 즐겁게 하는가?

동영상을 보는 사람들을 즐겁게 만들어서 내 팬으로 만드는 것이 과제이다.

어떤 사람들이 이 주제의 동영상을 보는지, 팬들을 이해해야 한다. 편리하게 유튜브 본사에서는 내 동영상을 보는 사람들에 대한 정보를 제공해 준다. 성별, 연령, 거주국가 등이다. 더 나아가 내 팬들이 다른 어떤 동영상이나 채널을 좋아하는지도 알 수 있다. 그리하여 팬들을 이해한다면 그들을 즐겁게 만드는 아이디어가 떠오를 수 있다.

팬들이 좋아하는 주제에 집중해야 한다. 초점을 잃어버리는 경우가 있다. 예를 들어 스포츠 전문 채널인데, 시청자들이 많아진다고 해서 다른 콘텐츠를 보여주는 경우다. 그러면 핵심 팬층을 잃어버리게 될 수 있다.

내가 선택한 주제를 바탕으로 내 채널과 동영상은 일관성이 있어야한다. 팬들의 충성도는 이 일관성에서 나온다. 브랜드, 영상의 포맷, 오프닝, 말과 동작, 업로드 일정 등 모든 요소에서 일관성이 있을 때 신뢰감이 형성되고 커뮤니티 형성의 바탕이 된다.

팬들과의 교감을 형성하고, 참여를 이끌어 내야한다. 팬들의 의견을 동영상 제작에 반영하는 등 여러 가지 방법을 활용할 수 있다.[92)]

92) 위의 책, pp. 53~56.

제 5 부

생산관리

제 1 장　이순신의 린 경영

제 2 장　이황의 농장 경영

제 1 장

이순신의 린 경영

창업가 정신, 경영학, 그리고 한국 경영학에 대해 살펴보았다.

사업전략 측면에서 최생의 효도 창업, 신류의 승리 경영, 허공의 목표 경영을 검토했다.

인사관리 측면에서 홍순언의 명예 경영, 김한진의 자유 경영을 고찰하였다.

마케팅 측면에서 홍성민의 소금 무역이 흥미롭다.

찰리 채플린(Charlie Chaplin 1889~1977)의 모던 타임스(Modern Times)라는 1936년 제작의 영화를 보면, 대량생산시스템이 등장한다. 대량생산시스템(mass production system)은 헨리 포드(Henry Ford 1863~1947)가 모델T형 자동차의 대량생산에 적용한 것이다.

이 대량생산시스템의 효율성과 효과성을 개선하고자 등장한 것이 린 생산시스템(lean producton system)이다. 경쟁에서 생존하기 위해 시간을 아껴서 꼭 필요한 재료와 작업만을 투입하여 제품을 만드는 시스템이다. 이것을 린 경영(lean management)이라고도 한다.

도요다 자동차회사에서는 포드의 대량생산시스템에서 출발하여 적시생산(Just-in-time) 및 칸반(看板 간판)을 도입하여 도요다 생산시스템(Toyoda Production system, TPS)을 고안하였다.

이 TPS는 1990년대부터 MIT대학의 연구를 거쳐, 린 생산시스템으로 발전되었고, 이를 활용하는 기업을 린 기업(lean enterprise)이라고 한다.[93)]

린 경영의 개념은 〈그림 3〉과 같다.

93) 장대성 · 양종곤, "이순신 장군의 린 경영에 관한 연구", 한국경영사학회, [經營史學], 제26집 제1호 (통권 57호), 2011. pp. 93~111.

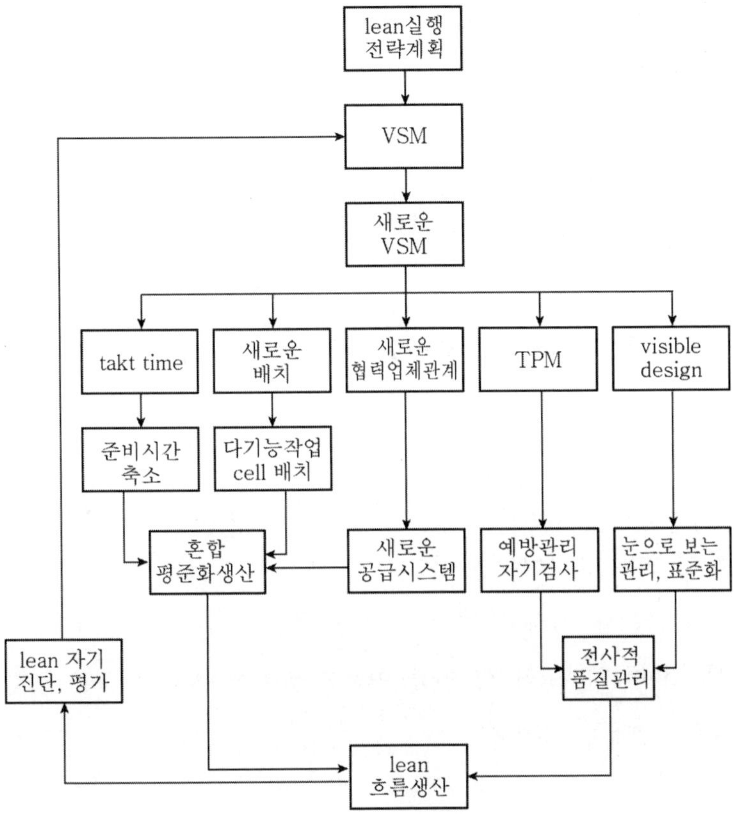

[그림 3] 린 경영 조직

출처 : 장대성 · 양종곤

참고 : VSM(Value Stream Mapping): 가치흐름도. 자재, 정보의 흐름.
takt time: 택타임, 제품 하나를 생산하는데 필요한 시간.
TPM(Total Preventive Maintenance): 전사적 생산설비 예방보전.

장대성과 양종곤의 연구에 의하면, 이미 430년 전에 이순신(李舜臣) 장군이 린 경영의 개념을 시행하였다.

성웅(聖雄) 이순신 장군은 국가를 구출하기 위해 절체절명의 그 시기에 오늘날의 린 경영에 해당하는 전략을 운영하였다. 열악한 자원으로 우세한 적을 이겨야만 하는 장군은 린 경영의 개념을 활용하여 23전 23승 전승을 하였다.[94)]

이 연구에서, 장군이 시행한 린 경영 개념은 다음 9가지 항목으로 규명된다.

1. 정보 분석 및 준비와 계획

린 경영의 lean실행전략계획이다. 이순신 장군은 1년 전에 부임하여 정보를 분석한 결과, 곧 침략이 있을 것을 확신하고 전투 준비에 들어갔다.

남해안의 지리와 기상 정보는 물론 조류의 방향과 속도를 조사하여, 교전 시 이를 이용한 공격을 하여 대승을 거두었다.(장대성 · 양종곤)

이 항목에 관련된 자료는 다음과 같다.

장군은 전쟁 1년 전에야 전라좌수사로 임명되었으니 생각하면 시기를 놓칠까 아찔한 순간이었다. 조정에서 탁상행정하는 무리들이 해군을 없애자고 하자, 장군이 극력 주장하여 해군을 존치하였다.

5년 뒤 명량대첩(鳴梁大捷) 시기에도 미리미리 통행첩을 만들어 군량미 1만 석을 확보하였고, 사람을 모아 동과 철을

94) 위의 책

운반하게 하여 대포를 주조하고 나무를 베어 배를 만들었다.

또한 적이 서해를 침범할 것이라는 정보를 분석하여 이를 차단하였다. 적은 원래 수군과 육군 10만 명이 서해를 타고 평양까지 올라가려고 했었지만, 장군의 승전이 이를 막아냈다. 그리하여 평양성의 적군이 외로워지며, 전라도와 충청도가 보전되고 황해도와 평안도 연안이 지켜질 수 있었다. 이것은 전쟁의 승리로 이어졌다.

〈**선조수정실록 신묘년(辛卯年) 1591년 2월 15일** 이순신을 전라좌도 수사로 임명하였다.〉

이때 이순신의 명성이 비로소 드러나 추천하는 논의가 꼬리를 물고 일어났다.

그리하여 정읍에서부터 진도 고을 수령으로 옮겨 임명한 후, 미처 부임도 하기 전에 가리포 첨사로 임명되었으며, 또 다시 얼마 되지 않아서 전라좌수사로 등용되었다.[95]

〈**선묘중흥지(宣廟中興誌)**〉

선조 24 신묘년 1591 7월에 비변사에서 논의하기를, 왜적들이 해전에는 능하지만 육지에 오르기만 하면 민활하지 못하다고 하여 육지 방비에 전력하기를 주청하고, 또 대장 신립도 수군을 철폐하자고 청하여, 마침내 호남과 영남 큰 고을의 성들을 증축하고 보수하도록 명령하

95) 박기봉 편역, [충무공 이순신 전서 제1권], 비봉출판사, 2006. p. 92.

였다.

이 때 전라좌수사 이순신이 장계하기를, “해적을 막는데는 해전이 제일이므로 수군을 결코 폐해서는 안됩니다”라고 하여, 위에서도 그 말을 따랐다.

이 때 벌써 왜국과의 사이에 틈이 벌어졌건만, 조정과 민간은 무사태평으로 지내고 이순신만이 홀로 걱정하여 크게 전함을 보수하고 군사들을 다스리는 데에도 법도가 있었다.[96)]

〈왜의 사변에 대비하는 장계(1) 선조 25 임진년 1592년 4월 15일〉

삼가 사변에 대비하는 일로 아뢰나이다.

오늘 4월 15일 오후 8시경에 도착한 경상우도 수군절도사 원균의 공문에서 말하기를, “오늘(14일) 오전 10시경(역자 주 : 사시(巳時))에 도착한 가덕진첨절제사 전응린과 천성보만호 황정 등의 보고에 의하면,

‘4월 13일 오후 4시경(역자 주 : 신시(辛時))에 몇십 척인지 알 수 없으나 대충 눈으로 보기에 90여 척 정도 되는 왜선들이 좌도의 축이도를 지나 부산포로 향하여 연속 나오고 있다고 응봉봉수 책임자 이등, 연대책임자 서건 등이 보고해 왔기에, 첨사는 규정에 따라 부산 다대포의 우요격장으로서 군선을 정비하여 바다로 나가서 대비하고 있습니다.’라고 하였습니다.

이것은 틀림없이 해마다 오는 무역선인 것 같기도 하지

96) 박기봉 편역, [충무공 이순신 전서 제1권], 비봉출판사, 2006. p. 110.

만, 다만 90척이나 많이 나오는 것은 그 까닭을 알 수 없을 뿐만 아니라, 연속해서 나온다는 것이 심상치 않으므로, 소속 여러 포구에 방비하고 망보는 일 등에 신경을 쓰도록 문서로 신칙하고 밤낮으로 대비하도록 급히 공문을 돌려 신칙하였으며, 신의 군선도 정비하여 일제히 바다 어귀에서 사변에 대비하고 있습니다. 이 일로써 오늘 급보를 띄웁니다"라고 하였습니다.[97]

〈**징비록** 63. 통제사 이순신이 진도 벽파정 아래에서 왜군을 무찌르고 적장 마다시를 죽이다 (역자 주: 명량대첩, 정유년(丁酉年) 1597 9월 16일)〉

통제사 이순신이 진도 벽파정 아래에서 왜군을 무찌르고 적장 마다시를 죽였다.

진도에 도착한 이순신은 병선을 수습하여 십여 척을 얻었다. 이때 바닷가의 사람들 가운데 배에 타고 난리를 피한 사람들이 수없이 많았는데, 이순신이 도착하였다는 소식을 듣고 기뻐하지 않는 사람이 없었다. 이순신이 여러 방면으로 부르자 이들이 가깝고 먼 곳에서 구름처럼 모여들었기에, 이순신은 그들을 군대 후방에 두어 아군이 형세를 갖추는데 도움을 주게 하였다.

적장 마다시는 해전을 잘 치른다는 평판이 있었는데, 그는 배 2백여 척을 이끌고 서해를 침범하고자 하여 아군과 벽파정 아래에서 만났다. 이순신은 열두 척의 배에 대포를 싣고는 밀물을 타고 이곳에 이르러, 바닷물의 흐름

97) 위의 책

에 따라 적을 공격하니 적은 패하여 달아났고 아군은 크게 위세를 떨쳤다.

이때 이순신은 이미 8천여 병사를 거느리고 고금도로 가서 주둔하고 있었는데, 군량미가 부족할 것을 우려하여 해로통행첩을 만들고 "전라, 경상, 충청 삼도 바닷가에 있는 배들 가운데 이 첩을 가지고 있지 않은 자들에 대하여는 공사를 막론하고 간첩으로 간주하고 통행을 막을 것이다"라고 명령하였다. 이에 난리를 피하여 배에 타고 있던 사람들이 모두 와서 첩을 받아갔다. 이순신은 배의 크기에 따라 차등을 두어 쌀을 바치고 첩을 받게 하였으니, 그 기준은 큰 배가 3석, 중간 배가 2석, 작은 배가 1석이었다. 난리를 피하여 있던 사람들은 재산과 곡식을 싣고 바다로 나가 있었기에 쌀을 바치는 것을 어렵게 여기지 않았고, 또한 통행이 금지되지 않은 것을 기뻐하였다. 그리하여 열흘 만에 군량미 1만여 석을 확보할 수 있었다. 또 사람을 모아 동과 철을 운반하게 하여 대포를 주조하고 나무를 베어 배를 만들었다. 이렇듯 여러 가지 일이 모두 순조로워지니 적군을 피하여 멀고 가까운 곳에 피난하여 있던 사람들은 이순신을 의지하여, 그의 군영으로 와서는 집 짓고 막 쳐서 장사를 시작하여 생계를 꾸리니 섬에서 이들을 다 수용할 수 없을 정도였다.[98]

98) 류성룡, 김시덕 역해, [징비록], 아카넷, 2013. pp. 537~538.

〈**난중일기 정유년 1597년 9월 16일** (주 : 명량대첩)〉

(중략)

항복한 왜인 준사(俊沙)라는 자는 안골포의 적진에서 투항해 온 자인데, 그가 내 배 위에 타고 있다가 바다를 내려다 보며 말하기를, "저 무늬있는 붉은 비단옷을 입은 놈이 안골포의 적장 마다시(馬多時)입니다"라고 하였다. 내가 물 긷는 군사인 김석손(金石孫)을 시켜서 갈고리로 뱃머리 위로 올리게 했더니, 준사가 펄쩍펄쩍 뛰면서 말하기를 "맞다, 마다시다"고 하였다. 그래서 곧바로 그의 몸을 토막내라고 명령하니, 적들의 기세가 크게 꺾였다.[99]

〈**징비록** 34. 전라수군절도사 이순신이 경상우수사 원균, 전라우수사 이억기 등과 함께 거제도 앞바다에서 적병을 크게 물리치다〉

(중략)

이에 앞서 적장 고니시 유키나가가 평양에 도착하여 "일본 수군 십여만 명이 지금 또 서해를 통하여 올터인데, 어가가 여기서 또 어디로 갈지 모르겠습니다"라는 글을 보낸 적이 있었다. 적은 원래 수군과 육군이 합세하여 서쪽으로 오려고 하였던 것인데, 이 한번의 전투로 인하여 적의 한쪽 팔을 자른격이 되었으니 고니시 유키나가가 아무리 평양을 얻었어도 그 세력은 고립되었기 때문에 감히

---

99) 박기봉 편역, [충무공 이순신 전서 제3권], 비봉출판사, 2006, p. 548.

더 진군하지 못하였던 것이다. 우리나라가 전라도와 충청도, 황해도, 평안도 연해 지역을 지켜냄으로써 군량미를 조달하고 조정의 명령이 통하여 중흥할 수 있었다. 또한 요동의 금주, 복주, 해주, 개주, 천진 등지가 전쟁에 휘말리지 않아서, 명나라 군대가 육로를 통하여 구원하러 와 적을 물리치기에 이른 것이 이 한번의 전투 덕분이었다. 아아 이것이 어찌 하늘의 도움이 아니겠는가! 그리하여 이순신은 3도의 수군을 이끌고 한산도에 주둔하며 적이 서쪽으로 침범하는 길을 끊었다.[100]

2. 가치흐름도 작성

린 경영에서 가치흐름도(VSM)는 조직의 프로세스 내 낭비를 발견하고 제거하거나 감소시키는 대표적 기법이다.

이순신 장군이 전투력 강화를 위해 새로운 체제(보급, 훈련, 경계, 전투)를 구축하는 것이 가치 흐름도 규명에 해당한다.

거북선이라는 철갑선을 선단 앞에 배치하고 함선마다 대포를 장착하여, 직진하다가 빠른 속도로 회전하여 적 선단을 포위하여 신속하게 포격하는 학익진을 창안하였다.(장대성 · 양종곤)

100) 류성룡, 김시덕 역해, [징비록], 아카넷, 2013. p. 311.

이 항목에 관련된 자료는 다음과 같다.

가치흐름도의 개념을 실행하는 장군은 해전마다 승리하였는데, 예를 들어 임진년(1592) 당시 5월 29일부터 6월 7일까지 사천, 당포, 당항포, 율포에서 적을 대파하였다.

〈당포에서 왜병을 쳐부순 장계. 선조 25 임진년 1592년 6월 14일〉

(중략)

그런데 신이 일찍이 왜적들이 쳐들어올 것을 염려하여 특별히 거북선이란 것을 만들었는데, 앞에는 용머리를 설치하여 그 입으로 대포를 쏘고, 등에는 쇠못을 꽂았으며, 안에서는 밖을 내다볼 수 있으나 밖에서는 안을 볼 수 없게 했습니다. 그래서 비록 수백 척의 적선 속이라 하더라도 돌진해 들어가서 대포를 쏠 수 있게 했는데, 이번 출동에는 돌격장이 타고 왔습니다.

그래서 먼저 거북선으로 하여금 적선들 속으로 돌진해 들어가서 천, 지, 현, 황 등 각종 대포를 쏘도록 지시했습니다. 그러자 산 위와 언덕 아래에 있던 왜적들과 세 곳에 모여서 배를 지키던 왜적들도 총알을 쏘아댔는데 어지럽기가 마치 빗발치듯 했습니다. 그 가운데는 간혹 우리나라 사람도 저들과 섞여서 쏘았으므로 신은 더욱 분하여 노를 재촉하여 앞으로 나가서 적의 배를 공격하자 여러 장수들도 일제히 구름처럼 모여들어 철환, 장편전, 피령전, 화전, 천자, 지자 대포들을 비바람이 몰아치듯이 쏘아

대며 저마다 있는 힘을 다하니 그 소리가 천지를 흔들었습니다. 적들은 중상을 입고 엎어지는 놈, 부축해서 끌고 달아나는 놈들이 부지기수였습니다. 그리고는 퇴각하여 높은 언덕에 모여서는 감히 앞으로 나올 생각을 못했습니다.101)

〈**징비록** 34. 전라수군절도사 이순신이 경상우수사 원균, 전라우수사 이억기 등과 함께 거제도 앞바다에서 적병을 크게 물리치다〉

(중략)

얼마 뒤에 이순신은 판옥선 40척을 이끌고 이억기와도 약속하여 함께 거제도에 나아가, 원균과 군대를 합쳐 나아가 견내량에서 적의 배와 조우하였다. 이순신이 "이곳은 바다가 좁고 물이 얕아서 배를 돌리기가 어려우니, 거짓으로 후퇴하여 적을 유인해 넓은 바다에서 싸우는 것이 좋겠습니다" 하니, 분노한 원균은 즉시 진격하여 싸우자고 하였다. 이에 이순신은 "공은 병법을 모르는군요. 그렇게 하면 반드시 패할 것입니다"라고 하였다. 마침내 깃발을 써서 아군의 배를 퇴각시키니 적은 매우 기뻐하며 앞다투어 배에 타고 좁은 해협을 빠져나왔다. 이때 이순신이 북을 한번 치니 아군은 일제히 배를 돌리고 바다 한가운데 도열하여 적의 배와 정면 대치하니 그 사이의 거리는 겨우 수십보였다.

101) 박기봉 편역, [충무공이순신전서 제1권], 비봉출판사, 2006, p. 273.

이에 앞서 이순신은 거북선(龜船)을 처음으로 만들었다. 나무판자로 배 위를 덮으니 위가 둥글게 올라온 것이 거북이와 같았다. 병사와 노젓는 사람이 모두 그 안에 있으면서 전후좌우에 화포를 많이 싣고 배틀의 북 마냥 종횡무진하였다. 적의 배를 만나면 잇달아 대포를 쏘아서 부수었다. 여러 배가 일제히 뭉쳐서 공격하니 연기와 불꽃이 하늘을 채우고, 불탄 적의 배가 무수히 많았다. 적장이 높이가 몇 길되는 누선에 타고 그 위에 망루를 세워 붉은색을 비롯한 형형색색의 휘막으로 그 주위를 둘렀는데, 이것도 대포에 맞아 파괴되고 적은 모두 물에 빠져 죽었다. 그 뒤에 적은 싸울 때마다 패한지라 마침내 부산, 거제도에 숨어들어 다시 나오지 않았다.[102]

3. 철저한 조직관리

린 경영은 오직 고객에 유익한 가치만을 낭비가 없이 창출하는 완벽성에 지속적으로 도전한다. 조직 활동에 대한 투명성을 강조함으로써 낭비와 오류가 빨리 발견되고 제거될 수 있다. 적은 자원으로 더 많은 가치를 고객에게 창조하여 준다.

장군은 우선 군적에 있는 병사들의 수와 실제 병사들의 수를 점검하여 뇌물 또는 권력의 청탁에 의하여 군대생활을 하지 않는 자들을 다 잡아들여 군대 병력을 정상화시키고

102) 류성룡, 김시덕 역해, [징비록], 아카넷, 2013. p. 311.

병기 및 자원을 철저히 조사하여 분실 및 파손된 것을 다 찾아내고 정비하였다.(장대성 · 양종곤)

이 항목에 관련된 자료는 다음과 같다.

장군은 별방군(예비군)을 점고하였고 미리 군대를 재편성하였다. 또 장수들의 교대휴가와 병력의 충원을 독촉하였다. 군사들의 옷을 마련하여 주는 등 복지도 마련하였다. 이처럼 투명하고 가치를 창출하는 조직관리에 나선 것이다.

〈난중일기 임진년 1592년 1월 3일〉

동헌에 나가 별방군을 점고하고, 각 고을(역자 주: 5관: 순천, 광양, 보성, 흥양, 낙안, 관내 다섯고을)과 각 포구 기지(역자 주: 5진포: 방답, 사도, 발포, 녹도, 여도 다섯 해안기지)에 공문을 보냈다.[103)]

〈**난중일기 계사년(癸巳年) 1593년 윤11월 17일** 본영으로 돌아가는 장계〉

(중략)

신에게 소속된 전라좌도 연해안 다섯 고을과 다섯 포구에서는 전선을 더 만들고, 징병 대상자를 끌어오고, 군량을 점검하고, 이어서 미리 군대를 재편성해 두는 일이 가

103) 박기봉 편역, [충무공 이순신 전서 제1권], 비봉출판사, 2006, p. 120.

장 긴급한 일입니다.[104)]

〈**난중일기 갑오년(甲午年) 1594년 4월 20일** 수군소속 장수들의 교대 휴가를 청하는 장계〉

(중략)

수군에 소속된 전라좌도의 광양, 순천, 흥양, 보성과 전라우도의 강진, 해남, 진도, 장흥 등 고을의 수령들은 바다로 내려가 사변에 대비하고 있고, 좌도의 낙안, 우도의 영암은 수령이 파직된 뒤에 아직 새사람이 도착하지 않았습니다. 그런데 농사를 짓고 굶주린 백성들을 구제하는 일들이 매우 다급하기 때문에 지난 3월 5일에 고성땅 당항포 등지에서 적선 31척을 힘을 합쳐 깨뜨리고 불태운 후 즉시 순천, 광양, 흥양, 보성, 강진, 해남, 진도 등 고을 수령들에게, 다른 사람을 대장으로 정해 놓고 농사를 권장하고 굶주린 백성들을 구제하는 일에 정성을 다해서 하되 다시 전령이 있거든 곧바로 달려오라고 지시한후 벌써 내보냈습니다.[105)]

104) 박기봉 편역, [충무공 이순신 전서 제2권], 비봉출판사, 2006, p. 174.
105) 박기봉 편역, 위의 책, p. 322.

〈**난중일기 갑오년 1594년 4월 20일**. 징병업무를 태만히 하는 수령들을 처벌해 주시기를 청하는 장계〉

(중략)

정월부터 2, 3, 4월까지 3도의 사망자수와 현재 앓고 있는 환자 수는 전라좌도가 각각 406명, 1,373명이고, 우도가 각각 603명, 1,878명이며, 경상우도가 각각 344명, 222명이고, 충청도가 각각 351명, 286명으로 3도의 사망자수 합계는 1,704명, 현재 앓고 있는 자는 모두 3,759명이나 됩니다. 무고한 군사와 백성들이 이렇게 죽어감으로써 수군의 사부와 격군의 수가 나날이 줄어들어 많은 배들을 힘차고 빠르게 운용하기가 어려운 데다가, 요즘 와서 새로운 왜병들이 많이 나오고 있으니, 적들이 전라도로 쳐들어올 우려가 한번 숨을 쉬는 사이에 놓여 있는 듯하여 참으로 답답하고 걱정스럽습니다.

그런데 수군이 있는 각 고을의 수령들은 이처럼 위급한 형세는 생각지도 않고 전쟁터로 달려와야 할 수군들을 전혀 징발해 보내지 않으므로, 독촉 공문을 전달하려고 달려가는 사람들이 길 위에 잇달았으나 여전히 꿈쩍도 하지 않고 있습니다.

전에 징집 대상자들을 잡아 보내지 않은 고을 중에서도 제일 심한 고을의 수령들을 처벌해 달라고 청한 적이 있는 전라좌도의 남원부사 조의, 옥과현감 안곡과 전라우도의 나주목사 이용순, 무안현감 고봉상 등을 우선 법에 따라 처벌함으로써 다른 사람들을 경계하도록 하시고, 징집에 빠진 수군을 기한을 정해놓고 징발하도록 독촉하시되 수령이 직접 끌고와서 넘겨주도록 함으로써, 한편으로는 군대의 위엄을 성하게 하고, 또 한편으로는 진중에 오래 있어서 병든 군졸들과 교대할 수 있도록 각별히 분부해 주시기를 바라옵니다.[106]

〈난중일기 병신년(丙申年) 1596년 1월 18일〉

맑다. 아침부터 하루 종일 군사들의 옷을 재단하였다.[107]

〈난중일기 병신년 1596년 1월 23일〉

맑다. 아침에 헐벗은 군사 17명에게 옷을 주었다.[108]

4. TPM(Total Preventive Maintenance)

린 경영의 TPM(전사적 생산설비 예방보전)이다. 대표적낭비요소인 과잉생산, 불량, 재고, 공정, 이동, 대기, 동작의 7가지 낭비를 최대한 제거한다. 5S(정리, 정돈, 청소, 청결, 습관화)를 매일의 현장에 철저히 적용한다.

장군은 병기창고를 검열하여 병기(칼, 창, 대포, 화약 등), 군량 등을 점검하였다. 모든 병기들과 함선을 언제 전투해도 좋을 상태로 항상 보수 유지하고 부상 입은 병사들의 진료

106) 박기봉 편역, [충무공 이순신 전서 제2권], 비봉출판사, 2006. p. 324.
107) 박기봉 편역, [충무공 이순신 전서 제3권], 비봉출판사, 2006, p. 18.
108) 박기봉 편역, 위의 책, p. 29.

에도 최선을 다하였다.(장대성 · 양종곤)

이 항목에 관련된 자료는 다음과 같다.

장군은 돌에 구멍을 뚫는 작업을 감독하기도 하고 해자를 점검하였다. 병선 수선하는 일을 독려하고, 채석장에서 돌을 뜨면서 민폐를 끼치지 않게 감독하였다.

〈난중일기 임진년 1592년 1월 11일〉

(중략)

군관 이봉수가 선생원 채석장에 가보고 돌아와서, 벌써 큰 돌 17개에 구멍을 뚫었다고 보고하였다. 서문 밖 해자가 태반이나 무너졌다.[109]

〈난중일기 임진년 1592년 1월 16일 〉

(중략)

방잡의 병선 담당 군관과 아전들이 병선을 수선하지 않았기에 곤장을 때렸다. 우후와 가수들이 점고하지 않아 이 모양이 되었으니 몹시 해괴한 일이다. 자기 한 몸 살찌울 생각만하고 이런 일은 돌보지 않으니, 다른 날의 일들도 역시 짐작하겠다. 성 밑에 사는 지방 병사 박몽세가 석수로서 선생원 채석장에 가서 돌을 뜰 때 사방 이웃의

---

109) 박기봉 편역, [충무공 이순신 전서 제1권], 비봉출판사, 2006. p. 121.

개들에게까지 피해를 끼쳤기에 곤장 80대를 때렸다.[110]

5. 눈으로 보는 디자인(Visible Design)

린 경영의 눈으로 보는 관리체제 구축이다.

장군은 본인의 집무실은 물론 훈련장, 작업장, 병기창고 등을 조직원들에게 항상 개방하여 조직 구성원들 모두가 다 볼 수 있게 하여 횡령이나 파손 방치 등을 엄격하게 제한하였다.(장대성 · 양종곤)

보는 관리를 함으로써 낭비를 제거하고 가치를 증가시키는 방법을 쉽게 파악할 수 있다.

이 항목에 관련된 자료는 다음과 같다.

장군은 비오는 날에는 부하들과 만나 이야기하면서 직접 눈으로 상황을 파악할 수 있었다. 무기를 직접 검열하기도 하였다.

〈난중일기 임진년 1592년 3월 3일〉

비. 저녁내내 비가 왔다. 오늘은 명절이지만 비가 이렇게 와서 답청도 할 수 없었다. 조이립, 우후, 군관들과 함께 이야기하며 동헌에서 술을 마셨다.[111]

---

110) 위의 책

111) 박기봉 편역, [충무공 이순신 전서 제1권], 비봉출판사, 2006, p. 134.

〈**난중일기 임진년 1592년 3월 6일**〉

맑다. 아침 먹은 뒤 나가 앉아 무기를 검열해 보니 칼, 갑옷, 투구, 전통, 환도 등도 깨지고 헐어서 볼품없이 된 것이 많으므로 아전과 궁장, 감고들을 벌주었다.[112]

6. 대민관계를 협동의 관계로 구축

린 경영의 새로운 협력업체 관계 및 새로운 공급 시스템의 개념이다.

농민들과 함께 둔전을 가꾸어 농민들은 생산된 농산물들로 생계를 유지하였다. 이 농민들이 전투에 필요한 식량과 자재를 보내주는 신뢰의 공급관계를 구축하였다.(장대성 · 양종곤)

린 경영에서는 협력업체 관계를 매우 중요시한다. 예를 들어, 부품을 협력업체로부터 받을 때 품질검사를 해서 생산라인에 투입한다면 그만큼 시간과 비용이 든다. 그보다는 신뢰하는 협력업체가 품질검사없이 직접 생산라인으로 부품을 투입하는 것이 효율적이다.

장군의 린 경영에서도 농민들과 함께 농사짓고 농산물을 즉시적으로 공급받았다.

112) 위의 책, p. 135.

이 항목에 관련된 자료는 다음과 같다.

장군은 임금에게 둔전을 설치하여 피난민과 예비군에게 농사를 짓게 할 것을 상주하였다. 그리하여 백성도 먹여살리고 군량도 조달하게 한 것이다.

〈둔전의 설치를 청하는 장계 선조26 계사년 1593년 윤11월 17일〉

(중략)

그러므로 신의 생각에는, 난리를 피하여 각 도로 떠돌아 옮겨다니는 사람들은 한군데 붙어 살 곳도 없고 또 먹고 살 생업도 없어서 보기에 처참한데, 이런 사람들을 이 섬으로 불러들여 살게 하면서 힘을 합쳐 농사를 지어 그 소출의 절반을 나누어 갖도록 한다면(역자 주: 나머지 절반은 나라에 바치고), 공과 사 양쪽에 다 좋을 것 같습니다.

그리고 홍양현의 유방군은 도양 목장으로 들어가서 농사짓게 하고 그밖에 남은 빈 땅은 백성들에게 나눠주어 병작케 하면서 그곳의 말들은 절이도로 옮겨모은다면, 말을 기르는 데에도 손해될 것이 없고 군량 조달에도 도움이 될 것입니다.[113]

113) 박기봉 편역, [충무공 이순신 전서 제2권], 비봉출판사, 2006, p. 194.

7. 다기능배치

린 경영의 다기능(多技能) 작업 단위(cell) 배치의 개념이다.

수군 편제를 포병 중심의 편제로 새로 구축하고, 모든 병사와 장교는 활과 창뿐만 아니라 대포도 잘 사용할 수 있도록 다기능 교육을 하였다.(장대성 · 양종곤)

린 경영에서는 다기능을 중요시한다. 포드의 대량생산시스템에서 작업자는 특정 작업을 계속 반복하였다. 이것은 T형 자동차만을 계속 생산하는 경우에 적용되었다.

그러나 린 생산시스템에서는 소비자의 주문에 따라, 예를 들어 A형, B형, T형, T형, A형의 순서로 생산라인에 올려지는 품목이 계속 달라진다. 그렇다면 작업자는 이 작업을 했다가 다음에는 다른 작업을 하는 등 다기능을 갖추어야 한다.

이순신 장군의 장교와 수군들은 대포, 활, 창 등 경우에 따라 필요한 다기능을 가지고 전투에 임하였다.

이 항목에 관련된 자료는 다음과 같다.

침공받기 직전인 1592년 4월 11일에 거북선에 돛을 달았다. 이것은 거북선에 대한 훈련을 실시한 기록이다. 거북선에서 현자, 지자 대포를 쏘는 훈련과 활쏘는 연습 등 다기능의 수군을 양성하였다.

〈난중일기 임진년 1592년 4월 11일〉

순찰사의 평지와 별록을 전라감영의 군관 남한이 가져왔다. 이날 비로소 돛을 만들었다.(역자 주: 다음날 진수식 올릴 거북선용 돛으로 보인다)[114)]

〈난중일기 임진년 1592년 4월 12일〉

맑다. 식후에 배를 타고 거북선에서 현자, 지자 대포를 쏘아보았다. 전라감영의 군관 남한도 살펴보고 갔다. 정오에 동헌으로 옮겨 앉아 활 10순을 쏘았다. 관아로 나가며 돌계단을 살펴보았다.[115)]

8. 흐름 생산의 구축을 위한 준비시간의 단축

빠르게 포격할 수 있도록, 대포의 이동과 조준 그리고 화약 투입시간을 최대한 줄이게 하였다.

또 학익진 전법을 효과적으로 수행하기 위해, 판옥선이 직진에서 회전으로 빠르게 방향을 바꾸는 훈련을 하였다.

유선형의 일본 함선은 직진에서 회전으로의 방향 전환 시간(준비시간)이 길어 이순신 함대의 순식간의 방향 전환에

114) 박기봉 편역, [충무공 이순신 전서 제1권], 비봉출판사, 2006, p. 145.
115) 위의 책.

포위되어 포격을 받아 패배한 것이다.

린 경영은 소(小) 로트(lot) 방식으로 작업한다. 이를 달성하기 위해 기계 준비시간의 단축이 전제되어야 한다. 이순신 장군의 포격 준비시간 단축은 린 경영의 준비시간 단축에 해당된다.(장대성 · 양종곤)

린 생산시스템은 준비시간 단축을 중요시한다. 린 생산시스템의 성패가 여기에 달려있다고 말할 수 있다. 이 시스템의 창안 동기 자체가 소비자가 원하는 제품을 언제든지 공급하고자 하는 것이었다. 그러기 위해서는 각 작업을 위한 준비시간이 매우 짧아야 한다.

예를 들어 과거에 포드의 T형 자동차를 만들기 위해 생산라인을 준비하는 시간이 10시간이었고 생산을 개시하여 1,000대의 T형 자동차만을 만들었다고 하자.

그런데 이제는 A형, B형, T형, T형, A형 자동차를 계속적으로 만들어야 한다. A형의 준비시간이 10시간, 다음 B형의 준비시간이 10시간, 다음 T형을 위한 준비시간이 10시간,.. 이런 식이라면 도저히 운영할 수가 없다. 각각의 준비시간을 이를테면 1분 단위로 줄여야만 한다.

이순신 장군의 수군에서도 대포를 즉각적으로 발사하기 위하여 준비시간을 최소화하였다. 또 판옥선이 순식간에 방향을 전환하여 적을 포위하도록 준비시간을 최소화하였다.

이 항목에 관련된 자료는 다음과 같다.

거북선에서는 사면으로 포를 쏠 수 있게 하였고 전후 좌우로 이동하는 것이 나는 것처럼 빨랐다. 적이 거북선을 덮쳐 포위하면 화총을 일제히 쏘았다. 그리하여 적선 속을 횡행하는데도 아군은 손상을 입지 않은 채 가는 곳마다 바람에 쓸리듯 적선을 격파하였으므로 언제나 승리하였다. 이 것은 거북선 운영의 준비시간을 극도로 최소화했음을 알려준다.

〈**선조수정실록 선조 25, 1592년 5월 1일** 20번째 기사. 전라수군절도사 이순신이 거제 앞 나루에서 왜적을 격파하다〉

전라 수군절도사 이순신이 경상도에 구원하러가서 거제 앞 나루에서 왜병을 격파하였다.

이때 순신은 여러 포의 수군을 앞 바다에 모으고 적이 이르면 싸울 준비를 하고 있었다. 영남의 말을 듣고 여러 장수들은 대부분 말하기를 '우리가 우리 지역을 지키기에도 부족한데 어느 겨를에 다른 도에 가겠는가' 하였다. 그런데 녹도만호 정운과 군관 송희립만은 강개하여 눈물을 흘리며 이순신에게 진격하기를 권하여 말하기를 '적을 토벌하는 데는 우리 도와 남의 도가 따로 없다. 적의 예봉을 먼저 꺾어놓으면 본도도 보전할 수 있다' 하니 순신이 크게 기뻐하였다.

언양 현감 어영담이 수로의 향도가 되기를 자청하여 앞

장서서 마침내 거제 앞바다에서 원균과 만났다. 원균이 운룡과 치적을 선봉으로 삼고 옥포에 이르렀는데, 왜선 30척을 만나 진격하여 대파시키니 남은 적은 육지로 올라가 도망하였다. 이에 그들의 배를 모두 불태우고 돌아왔다. 그리고 다시 노량진에서 싸워 적선 13척을 불태우니 적이 모두 물에 빠져 죽었다. 이 전투에서 순신은 왼쪽 어깨에 탄환을 맞았는데도 종일 전투를 독려하다가 전투가 끝나고서야 비로소 사람을 시켜 칼끝으로 탄환을 파내게 하니 군중에서는 그때서야 그 사실을 알았다.

이에 앞서 순신은 전투장비를 크게 정비하면서 자의로 거북선을 만들었다. 이 제도는 배위에 판목을 깔아 거북등처럼 만들고 그 위에는 우리 군사가 겨우 통행할 수 있을만큼 십자로 좁은 길을 내고 나머지는 모두 칼, 송곳 같은 것을 줄지어 꽂았다. 그리고 앞은 용의 머리를 만들어 입은 대포구멍으로 활용하였으며 뒤에는 거북의 꼬리를 만들어 꼬리 밑에 총 구멍을 설치하였다. 좌우에도 총 구멍이 각각 여섯 개가 있었으며, 군사는 모두 그 밑에 숨어 있도록 하였다. 사면으로 포를 쏠 수 있게 하였고 전후 좌우로 이동하는 것이 나는 것처럼 빨랐다.

싸울 때는 거적이나 풀로 덮어 송곳과 칼날이 드러나지 않게 하였는데, 적이 뛰어오르면 송곳과 칼에 찔리게 되고 덮쳐 포위하면 화총을 일제히 쏘았다. 그리하여 적선 속을 횡행하는데도 아군은 손상을 입지 않은 채 가는 곳마다 바람에 쓸리듯 적선을 격파하였으므로 언제나 승리하였다. 조정에서는 순신의 승보를 보고 상으로 가선대부

를 가자하였다.[116)]

9. 자기진단 및 평가

린 경영에서는 'lean 자기 진단 및 평가'를 통해 완벽함을 추구한다. 끊임없는 개선을 통해 불량률 제로에 도전한다. 이순신 장군의 자기 진단 및 평가를 통한 완벽함 추구 노력에 해당한다. 실전을 방불하는 전투 훈련을 통하여 전력을 수시로 평가하였다.(장대성 · 양종곤)

이 항목에 관련된 자료는 다음과 같다.

장군은 온갖 방비와 장비를 점고하였다. 조선소에서 배와 무기들을 직접 점검하고 대포 쏘는 훈련을 하였다.

장군은 운주당(運籌堂)이라는 집을 짓고 장수들과 밤낮으로 전투를 연구했다. 졸병이라도 군사에 관한 내용이라면 언제든지 자유롭게 장군과 말했다. 그래서 모든 장수와 병사들은 군사와 계책에 자기진단과 평가를 하여 완벽함을 추구할 수 있었다.

〈난중일기 선조 25 임진년 1592년 2월 20일〉

맑다. 아침에 온갖 방비와 전선을 점고해 보니 모두 새로 만들었고, 군기도 어느 정도 갖추어졌다.

---

116) 국사편찬위원회, [조선왕조실록] 선조수정실록 26권, 선조 25, 5월 1일 경신 20번째 기사. silok.history.go.kr.

늦게 떠나 홍양에 이르니, 좌우의 산들에는 꽃이 피었고 들의 방초들이 마치 그림 같다. 옛날에도 영주(瀛州)라는 곳이 있었지만, 그곳 경치도 역시 이러했을 것이다. (역자 주: 온갖 방비와 전선 등을 새로 만들었다는 것은, 전라 좌수영 관내 기지들도 이순신의 부임이 없었다면 이렇다 할 준비도 없이 임진왜란을 맞을 뻔 했음을 암시해 준다).[117]

〈난중일기 선조 25 임진년 1592년 2월 22일〉

맑다. 아침에 공무를 마친후 녹도로 갔다. 황숙도도 동행하였다. 아침에 먼저 홍양조선소에 이르러 배와 무기들을 직접 점검하고 그 길로 녹도로 가서 바로 새로 쌓은 성의 문루에 올라가 보니 경치가 아름답기로 고을 안에서도 으뜸이었다. 그리고 녹도만호의 애쓴 정성이 미치지 않은 곳이 없었다. 홍양현감과 능성현감, 그리고 만호들과 함께 취하도록 마시고 또 겸하여 대포 쏘는 것도 보았다. 촛불을 밝히고 있다가 밤늦게야 파하였다.[118]

〈**징비록 59. 정유년 1597년 8월 7일** 한산도의 수군이 패하였다.〉

이 싸움에서 통제사 원균과 전라우수사 이억기가 전사했고 경상우수사 배설은 도망쳐 죽음은 모면했다.

---

117) 박기봉 편역, [충무공 이순신 전서 제1권], 비봉출판사, 2006. p. 128.

118) 위의 책.

이에 앞서 한산도에 도착한 원균은 이순신이 시행한 제도를 모두 바꾸고 이순신이 신임하던 장수와 병사들 또한 모두 쫓아냈다. 특히 이영남은 예전에 자신이 패하여 도망친 사실을 상세히 알고 있다고 해서 더욱 미워하였다. 이렇게 되자 군사들 마음에는 원망만이 가득 차게 되었다.

(중략)

이순신이 한산도에 머무르고 있을 때 운주당(運籌堂)이라는 집을 지었다. 그는 그곳에서 장수들과 밤낮을 가리지 않고 전투를 연구하면서 지냈는데, 아무리 졸병이라 하여도 군사에 관한 내용이라면 언제든지 와서 자유롭게 말할 수 있게 하였다. 그러자 모든 병사들이 군사에 정통하게 되었으며, 전투를 시작하기 전에는 장수들과 의논하여 계책을 결정하였던 까닭에 싸움에서 패하는 일이 없었다.[119)]

이순신 장군의 린 경영의 특징을 다시 정리하면 이러하다.

- 정보 분석 및 준비와 계획
- 가치흐름도 작성
- 철저한 조직관리
- TPM(전사적 생산설비 예방보전)

---

119) 박기봉 편역, [충무공 이순신전서 제4권], 비봉출판사, 2006, p. 450.

• 눈으로 보는 디자인
• 대민관계를 협동의 관계로 구축
• 다기능배치
• 흐름 생산의 구축을 위한 준비시간의 단축
• 자기진단 및 평가

이상과 같은 장대성과 양종곤의 연구는 이순신 장군의 경륜(經綸)을 경영학으로 해석한 점에서 뜻 깊다고 하겠다.

성웅 이순신 장군은 전에도 없었고 앞으로도 없을 인물이었다. 성인(聖人)이었다.

장군의 평소의 언행은 범인이 감히 따를 수 없었다. 그런 인물이 마침 적이 침략하여 사직(社稷)이 촛불같이 펄럭일 때 이 땅에 임하였다는 것은 실로 기적과 같은 일이었다. 장군은 나라를 구하고 임무를 다하였다.

장군이 창업가나 경영자가 아니었지만, 효율적인 린 경영 개념을 운영한 것은 당대와 현대에 이르기까지 한국인과 그리고 창업가들에게 큰 일깨움이 되어 왔다.

현대의 린 경영 사례를 살펴보자.

K타이어(주)의 P공장의 품질분임조 N의 린 경영 사례다. 이 분임조는 TPM(전사적 생산설비 예방보전)으로 제47회

국가품질경영대회(2021.11월)에서 동상(銅賞)을 수상했다.

〈사례〉 P공장의 품질분임조 N의 TPM

K타이어(주)의 P공장은 품질보증, 경쟁력 우위 확보, 최고의 제품 생산, 원가절감의 목표를 가지고 있다.

외부환경으로는, 고객의 욕구만족 및 신기술개발이라는 필요성을 느끼고 있다. 또 경쟁력 향상에 따른 원가절감의 필요성, 제품 품질에 대한 소비자의 마인드 변화에 발맞추어야 할 필요성을 느끼고 있다.

이를 위한 전략은 다음과 같다.

① (전략) 고객만족 품질시스템

② (전략) 효율적인 생산설비

③ (전략) 안전하고 깨끗한 환경

④ (전략) 공감의 조직문화

그리하여 품질분임조 N이 결성되었다.

- 품질분임조 이름 : N
- 소속 : 제조팀
- 결성일 : 2014
- 구성 : 전OO 외 9명
- 평균 근속 : 18년
- 평균 연령 : 48세
- 활동구역 : 가류(열과 압력을 가하여 타이어를 완성하는 공정)
- 활동목표 : 지속적인 TPM 자주보전 활동으로 설비 종합

효율 향상

품질분임조 N은 2014년부터 2022년 현재까지 활동하고 있는데, 2014연도에 수행한 '0 step 기본 갖추기 활동(3정 6S)'은 다음과 같다.

- 활동 목적 : 낭비와 무질서 제거를 통한 쾌적한 현장 조성
- 활동 방향 : 대상물 확정, 자주 보전 6S 활동
- 활동 내용 : 3정 6S 불합리 260건 이상 개선, 공간 100m² 이상 확보
- 활동기간 : 2014.1~2014.12

활동내용을 좀더 상세하게 정의하면,

먼저 기본 환경을 조성하는 것인데 조원 교육, 분임조 구성, 대상물 확정 등이다.

다음으로, 3정 6S 활동인데, 예를 들어 '바닥 구획선'을 설정하고, 불합리한 점을 적출하여 해결하는 것이다.

다음으로, '눈으로 보는 관리'는 Area별 담당자를 결정하여, 그 담당자가 자기 구역의 불합리한 점을 눈으로 보니까 적출하여 해결하기가 용이해지는 것이다.

마지막으로, 이러한 활동들을 평가하여 '활동 우수자'를 포상한다.

먼저, 분임조원들이 참여의식을 가지도록 출퇴근 시간에 각자에게 '참신모자'를 나누어 주었다.

다음은 '대상물 확정' 단계이다. 꼭 필요한 대상만 정 위치

에 위치하도록 한다. 정품을 사용하고, 정량 관리한다.

그리하여 불필요한 대상물 제거로 쾌적하고 확 트인 공간을 확보하고자 하는 것이다. 구체적 실행 단계는 다음과 같다.

① 추진계획서

② 대상물 조사

③ list 작성

④ lay out 표기

⑤ 청소도구함 설치

⑥ 이동 대차 지정 장소

■ 3정 활동은 다음과 같다.

- 정품관리를 위해, 정품 품목을 선정한다.
- 정량관리를 위해, 품목별 정수를 선정한다.
- 정위치 관리를 위해, 구획선을 작업한다.

■ 6S 활동은 다음과 같다.

- 정리하기 위해, 필요한 것, 불필요한 것, 불급한것을 구분한다.
- 정돈을 위해, 작업표준서는 필요할 때 찾기 쉽게 한다.
- 청소는 오염지역과 이물을 청소한다.
- 청결은, 가류 공정의 청결 상태를 유지하는 것이다.
- 습관화를 위해 청결한 현장을 매월 평가하여 포상한다.
- 안전을 위해, 바닥에 미끄럼 방지 망을 부착한다.

■ 3정 활동을 위해, Area별 담당자를 정한다. 이것은 '눈으로 보는 관리'를 위함이다.

- 즉 가류 공정의 각 담당 구역을 설정하여 개인에게 할당

한다.

- 담당자는 내 구역을 점검하여 정품, 정량, 정위치를 유지 한다.
- 이를 실천하기 위해, 내 구역 사진을 찍어 자석 판에 부착한다. 그리하여 '눈으로 보는 관리'가 실행되는 것이다.

■ 이러한 '0 step 기본 갖추기 활동(3정 6S)'은 2014연도에 시행되었다. 이에 대해 본사가 평가하였다. 본사 경영 혁신 팀 주관으로 국내, 해외공장을 평가하여, 우수사례를 공유하는 것이다.

- 본 품질분임조 N은 활동내용을 설명하였고, 현장평가가 이루어졌다. 그리하여 강평에서 3정 6S 평가점수는 2020연도 88점을 받아서, 활동 우수사례로 선정되었다.
- 본 공장도 혁신활동 우수공장으로 선정되었다.

마지막으로 활동성과를 요약하면, 다음과 같다.

- 정리는 적출이 85건이었고, 해결한 것은 85건이다.
- 정돈은 적출이 74건이었고, 해결한 것은 74건이다.
- 청소는 적출이 64건이었고, 해결한 것은 64건이다.
- 청결은 적출이 70점이었고, 해결한 것은 81점이다.
- 눈으로 보는 관리는 적출이 72건이었고, 해결한 것은 72건이다.
- 안전은 적출이 28건이었고, 해결한 것은 28건이다.
- 공간확보는 활동 전 280제곱미터였는데, 활동 후 390제곱미터를 확보했다.
- 필요폼 찾는 시간은 활동전 10분이었는데, 활동후 4분으로 감소했다

품질관리분임조 N은 이 '0 step 기본 갖추기 활동(3정 6S)'의 결과에 대해 다음과 같은 소감을 술회했다..

〈활동소감〉

- 어려웠던 점 : 필요품을 정리, 정돈한 후에 다시 구분이 되지 않고 흐트러져서, 다시 정돈하고 청소하면서 모두가 무관심할 때 어려웠다.
- 즐거웠던 점 : 현장이 밝고 깨끗하게 바뀌어 가는 모습을 보고 참여하였다는 자부심을 느낄 때 즐거웠다.
- 향후 계획 : 3정 6S 활동을 유지관리하고 설비의 초기청소활동을 전개할 예정이다.
- 한편, 품질분임조 N의 활동구역은 회사내에서 6S 명소로 지정되었으며 최고경영진에서는 90점의 점수를 주고 활동의 합격증을 발급하였다.
- 이상과 같이 0 step. "기본 갖추기 활동(3정 6S)"은 2014년도에 시행하였다.

품질관리분임조 N은,

- 활동목표 : "지속적인 TPM 자주보전 활동으로 설비 종합효율 향상"을 설정하고

0 step. "기본 갖추기 활동(3정 6S)"은 2014년도에 시행하였다.

이어서 2021년도까지 다음의 활동을 수행하였다.

1 step. "설비 기능 청소"는 2015년도에 활동,

2 step. "발생원/곤란개소 대책"은 2016년도에 활동,

3 step. "청소, 급유, 점검, 기준서 작성"은 2017년도 1~4월

에 활동, "유지 관리 활동"은 2017년도 5~12월에 활동,

4 step. "설비 총 점검 활동"은 2018년도~ 2021년도까지 활동,

4.1. step. "기계요소"는 2018년도 8~12월에 활동,

4.2. step. "구동장치"는 2019년도 1~12월에 활동,

4.3. step. "윤활장치"는 2020년도 1~5월에 활동

4.4. step. "유공압장치"는 2020년도 6~7월에 활동

5. step. "My Area 활동, 불합리 적출/개선"은 2020년도 8~12월에 활동하였다.

그리하여 활동목표 : "지속적인 TPM 자주보전 활동으로 설비 종합효율 향상"은, 2014년도에 종합효율 70.3%에서 2021년도에 79.2%로 향상되었다.

품질관리분임조 N은 국가품질상/품질분임조 제47회 국가품질경영대회(2021년 11월)에서 동상(銅賞)을 수상하였다.[120)]

120) 한국표준협회 국가품질상/품질분임조. 제47회 국가품질경영대회(2021년 11월. 동상(銅賞) 수상), www.ksa.or.kr.

제 2 장

이황의 농장 경영

창업가 정신, 경영학 및 한국 경영학을 검토했다.

업종의 선정에 관해 [국부론]을 참고했다.
[귀향]에서 최생의 창업 동기는 효도였다.
한국인의 결기는 신류의 흑룡강 원정에서 엿볼 수 있다.
[광작]에서 허공의 사업은 목표관리로 성공하였다.

홍순언의 미덕은 명예로운 결과를 가져왔다.
김한진의 농업의 성공은 자유로운 양민이었기에 가능했다.

홍성민은 선비로서 소금 무역에 나섰다.
이순신 장군의 경륜은 린 경영 개념으로 그 일단(一端)을 엿볼 수 있다.

어떤 사람들은 기회만 있으면 땅을 사려고 한다. 하나의 이유는 그 땅에서 농사를 짓고 싶기 때문이다. 아늑한 시골에 초가삼간을 짓고, 논밭을 일구며 가족이 단란하게 살고 싶은 것이 전형적인 한국인의 소박한 꿈이다.

이것은 경제학적으로 타당한 꿈이기도 하다. 전술한 바와 같이 농업은 농업자와 대자연(大自然)이 같이 일하므로 매우 유리하기 때문이다.

이러한 농업의 유리점을 잘 알므로, 우리 조상은 농업을 가장 중요시 하였다.

그러면 농업의 한 예로써, 퇴계 이황(退溪 李滉 1502~1571)의 농장에서 어떤 배울 점이 있을까?

먼저, 이황 농장의 규모를 알아보자.

1. 농장의 규모

김건태의 연구에 의하면, 이황가의 농장은 다음과 같다.

세거지(世居地) 예안(禮安)의 예안농장은 거대한 주가(主家) 3채, 다수의 노비가(奴婢家), 전답 161필지 1,521두락(斗落)[121]으로 구성되어 있었고,

121) 한말의 씨를 뿌릴 수 있는 면적. 논의 경우 200평. 마지기: 이영훈, [수량경제사로 다시 본 조선후기], 서울대학교출판부, 2004, p. 168.

예안 북쪽의 봉화(奉化)농장은 전답 17필지 178두락으로 구성되어 있었다.

그리고 서북쪽으로 수십 km 떨어진 영천(榮川, 오늘의 영주)의 영천농장은 거대한 주가 1채, 다수의 노비가, 전답 59필지 382두락으로 구성되어 있었고,

예안 남쪽에 위치한 안동 풍산(豊山)의 풍산농장은 노비가, 전답 12필지 148두락으로 구성되어 있었다.

예안에서 남쪽으로 수백리 떨어진 의령(宜寧)의 사정 또한 비슷해서 거대한 주가 1채, 노비가, 전답 106필지 687.5두락으로 이루어져 있었다.

이같이 전답과 노비가 어우러진 곳을 당시에 농장(農庄)이라고 불렀다. 그곳은 거대한 주가를 중심으로 10여 채의 노비가옥이 자리 잡고, 하천이나 계곡의 물을 이용하여 쉽게 관개할 수 있는 곳을 따라 전답이 소규모 단위로 분산 배치된 모습을 하고 있었다.[122]

---

122) 김건태, "이황(李滉)의 가산경영(家産經營)과 치산이재(治産理財)", 퇴계학연구원, [퇴계학보], 제130집, 2011년, pp. 159~204.

이황의 농장은 〈표 1〉과 같다.

〈표 1〉 16세기 이황가(李滉家) 농장 구조 (출처: 김건태)

지역	가사(家舍)	노비가(奴婢家) 대전(垈田)	전답
예안	상계 가사 1좌(坐) 상계 구(舊)가사 1좌 가사 1좌	상계 가상변(家上邊) 노비등(奴婢等) 대전 15두락 상계 가월변(家越邊) 노비등 대전 15두락 상계 가전전북변(家前田北邊) 용대 대전 4두락 상계 천변(泉邊) 순손 대전 2두락 선인 이석 대전 5두락 죽동 노막 대전 13두락 죽동 석종 대전 10두락 죽동 기양 대전 5두락 백운지 종대 대전 23두락	161필지 1521두락
봉화			17필지 178두락
영천	가사 1좌	초곡 용대 대전 4두락 초곡 금석 대전 5두락 초곡 안정 대전 7두락	59필지 382두락
풍산		가일동 용손 대전 7두락	12필지 148두락
의령	동암 가사 1좌	개력원 선종 대전 1두락	106필지 687.5두락
합계	가사 5좌	노비가 대전 116두락	355필지 2916.5두락

각 지역의 전답 면적을 평수로 환산(1두락=200평)하면 〈표 2〉와 같다.

〈표 2〉 16세기 이황가 농장 규모

지역	전답(두락)	면적(평)	%
예안	1,521	304,200 평	52 %
풍산	148	29,600 평	5 %
의령	687.5	137,500 평	24 %
영천	382	76,400 평	13 %
봉화	178	35,600 평	6 %
합계	**2,916.5**	**583,300 평**	**100%**

이황가의 농장은 [그림 4]와 같다.

[그림 4] 16세기 이황가 농장. (두락, %) 총 2,916.5 두락.

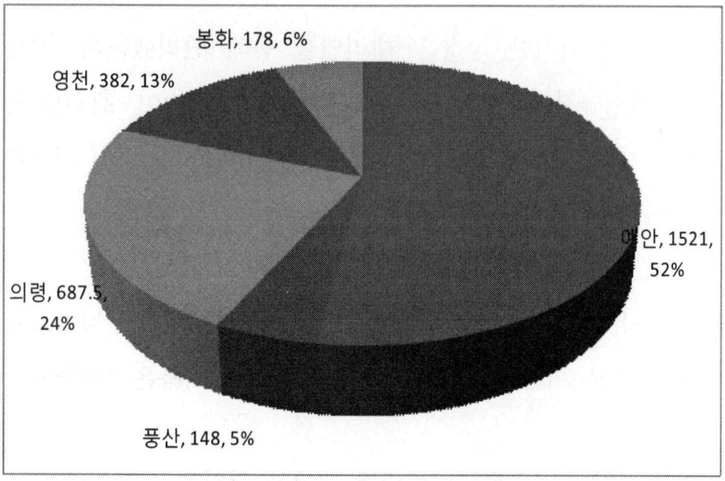

이처럼 16세기의 조선시대에 이황의 농장은 58만 평에 이

르는 규모였다. 이것은 조선 사회의 중추적 산업이었던 농업의 한 면모를 보는 듯하다.

그러면, 이황은 어떻게 농장을 운영했을까? 김건태의 연구에 의하면 이러하다.

2. 농장의 경영

농장이 소재한 위치가 사는 집(세거지, 예안 상계) 근처는 자신과 아들 이준이 직접 관리했다. 이것을 가작(家作)이라고 하는데, 지주가 직접 노비 등 예속인을 동원하여 농사를 짓는 경영 형태이다.

먼 곳에 위치한 농장은 대리인을 통해 관리했는데, 예를 들어 의령농장은 마름으로 보이는 이말(李末)이 관리했다. 이러한 것은 당시 16세기의 다른 지주 혹은 선비들(士族)과 마찬가지의 경영형태이다.[123)]

당시의 농법은 직파법(直播法)이 대부분이었다. 직파법에 의한 농사를 시행한 어느 농업자들에 대한 기록은 이러하다.

> "벼 재배를 위해 가장 먼저 수행한 작업은 논갈이였다. 논갈이 작업에는 네 명이 투입되었다. 그들은 한 조가 되

---

123) 위의 책

어 빌린 소를 이용하여 논갈이를 했다. 두 명이 각기 소 한 마리씩을 끌고, 다른 한 명은 쟁기를 잡았으며, 다른 한 명은 쟁기 뒤를 따라 가면서 삽으로 이랑을 손질했다. 하지만 항상 네 명이 한 작업조를 이루어 논갈이 한 것은 아니었다. 또한 직파를 위한 논갈이 작업에 반드시 소 두 마리가 끄는 쟁기가 동원된 것도 아니었다. 오OO의 경우와 달리 남OO의 부인 조씨는 논갈이 작업을 위해 소 한 마리가 끄는 쟁기를 사용하고 있다.

논갈이에서 파종에 이르는 작업은 다양한 방법으로 이루어졌다. 논갈이를 마친 논을 다시 가래로 손질한 뒤 써래로 한번 논삶이를 하고 파종을 하기도 하고, 논갈이를 마친 다음 쇠스랑으로 흙덩이를 부순 뒤 써래질을 하지 않고 파종하기도 했다. 논갈이에 이어 '갈걷이'를 하고서 써레로 논삶이를 한 다음 파종하는 경우도 있었다. 오OO는 논갈이를 마친 논에 이랑을 만들고 그 위에 파종하기도 했다.

파종시기는 벼 종류에 따라 달랐다. 조도(早稻)의 파종시기는 오OO의 경우 곡우와 입하(立夏) 사이였고, 조씨 부인의 경우 곡우 무렵이었다. 입하 무렵에 오OO은 중도(中稻)를 파종했고, 조씨 부인은 만도(晩稻)1을 뿌렸다. 조씨 부인은 조도의 1차 제초가 끝난 소만과 망종(芒種) 사이 시점에 만도2를 파종했다."[124]

124) 김건태, [조선시대 양반가의 농업경영], 역사비평사, 2005, pp. 117~119.

그런데 선진 농법이 도입되었으니 그것은 이앙법(移秧法)이다. 이앙법은 경상도 북부지역에서는 16세기 후반기에 일반화되고 경상도 남부지방에서는 직파법을 보완하는 수준이었다.

이황은 효율적인 농장 경영을 위하여, 부분적으로 선진농법인 이앙법을 적용했다.[125]

당시 이앙법이 보급되는 각 단계별로 농사를 시행한 농업자들에 대한 기록은 이러하다.

> "이앙법 보급이 작업과정에 끼친 영향력을 살펴보기 위해 이앙법이 직파를 보완하는 수준에 머물던 단계(제1단계), 대부분의 논에서 이앙이 실시되고 일부 논에서만 직파가 행해지는 단계(제2단계), 모든 논에서 이앙이 실시되는 단계(제3단계)로 구분하기로 한다.
>
> 제1단계 특징을 잘 보여주는 사례로서 정OO의 경우를 들 수 있다. 그는 대부분의 논에서 직파를 실시하고, 이를 보완하는 수준에서 이앙을 실시하였다. 직파의 파종은 곡우 무렵에 조도를 시작으로 소만과 망종 사이에 끝난다. 이같이 파종기간을 길게 잡음으로써 제초시기가 겹치는 것을 피할 수 있어 효과적인 제초작업이 이루어졌을 것으로 추정된다. 망종 무렵부터 시작된 제초가 입추 무렵이

125) 김건태, "이황(李滉)의 가산경영(家産經營)과 치산이재(治産理財)", 퇴계학연구원, [퇴계학보], 제130집, 2011년, pp. 159~204.

면 끝나고, 처서 무렵부터 벼베기가 시작되었다. 직파를 보완하는 수준의 이앙은 하지 무렵부터 소서 사이에 실시하고 있다. 이때의 이앙은 진전(陳田)에 필요한 노동력을 확보하기 위해 실시한 경우도 있었다.

제2단계 특징을 잘 보여주는 사례로서 이OO와 황OO의 경우를 꼽을 수 있다. 이들은 대부분의 논에서 이앙을 실시하고 일부 논에서만 직파를 행했다. 벼의 파종은 곡우 무렵, 입하 전후, 망종 무렵에 이루어졌다. 곡우 무렵에 파종된 벼는 조도이고, 모두 직파되었다. 입하를 전후하여서는 경조(京租), 금조(今租), 점조(粘租), 밀달조(密達租) 등의 볍씨를 파종하고 약 한 달 가량 모판에서 모를 기른 다음 소만과 망종 사이에 이앙을 실시했다. 이것은 차앙(次秧)이 된다.

3단계 특징을 잘 보여주는 사례로서 이담O의 농업경영을 들 수 있다. 그는 자신이 경작하는 모든 논에 이앙을 실시했다. 17세기 후반기 경상도 영천에서 농업경영에 종사하던 이담O은 이앙을 위해 이른 봄에 논을 한번 갈아두고 사초(莎草)를 제거했다. 기경(起耕)과 제초를 마친 뒤에는 논을 못자리와 그 외 부분으로 나누어 다음 작업을 진행했다. 즉 1차 논갈이된 못자리에 부드러운 버들가지를 썰어서 편 다음 발로 밟아 넣고, 며칠 지난 뒤 입하를 전후한 시점에 파종했다. 나머지 부분에는 봄에 장만한 연한 풀을 넣고 2차 논갈이를 했다.

이담O은 입하 경에 파종을 실시하고 못자리에서 대략 한 달 정도 모를 기른 다음 망종을 전후하여 이앙을 실시했다. 하지에서 입추 사이에, 망종 무렵에 이앙한 벼는 두 번 제초하고, 소서 직전에 이앙한 벼는 한 번 제초했다.

종전에는 쉽지 않았던 거름 만들기가 훨씬 용이해졌다. 왜냐하면 못자리에서 모가 자라는 동안 본답용 거름으로 쓸 풀이 무성하게 자랄 수 있고, 이앙으로 절감된 노동력을 풀베기와 거름 만들기에 투여할 수 있었기 때문이다. 결국 제2단계에서는 어려웠던 거름 준비가 제3단계에서는 더욱 적극적으로 강구되었던 것이다.

이러한 시비의 적극화는 더 많은 수확을 올릴 수 있게 해주었을 것이다. 이것은 이앙법 보급이 노동력을 절감시켜주는 단계에서 더 많은 수확도 가능하게 해주는 단계로 옮겨갔음을 의미한다. 즉 노동생산성이 향상되던 단계에서 토지생산성도 증가되는 단계로 바뀌게 되었던 것이다."[126]

위의 기록은 기존에 실시되던 직파법, 그리고 점차로 보급되는 이앙법에 대한 이해를 도와준다.

이앙법의 장점은 중경제초 노동력이 절감되는 것이며, 더 나아가 토지생산성도 증가되는 것이다. 이앙법의 단점은 가뭄 등의 이유로 물 공급이 잘 안되면 실농(失農)할 위험이 있다는 것이다. 그래서 수리시설이 충분히 갖추어져야 할 필요가 있다.

한편 이황은 효과적인 농장 경영을 위해서, 작물에 있어

126) 김건태, 『조선시대 양반가의 농업경영』, 역사비평사, 2005, pp. 132~140.

서 벼뿐 아니라 밀, 보리 등 다양한 작물을 파종했다.[127)]

또 이황은 목화(木花)의 경작에도 중점을 두었는데, 아들에게 보낸 편지(家書 가서)는 이러하다.

> "목화 파종하는 일은 물이 불어서 분전(糞田)을 하지 못했다. 모레쯤 할 계획이다. 목화밭은 오늘 두 벌 김을 매었다. 목화밭은 어제부터 지키도록 했다.
>
> 면화는 도둑맞을 우려가 있기는 하지만 이런 것은 매우 자질구레한 일들이다. 그러니 배우는 사람이 어찌 이런 것을 마음에 두고 분주히 쫓아다녀서야 되겠느냐?
>
> 목화 따는 일을 절대로 소홀히 할 수 없다. … 목화는 요긴히 써야 할 곳이 있으니 먼저 딴 것을 지금 가는 사람에게 모두 부쳐 보내거라. 전에 보내온 목화는 받았다."[128)]

이 편지에 보면 목화를 파종하고 비료를 주며 제초를 하였다. 목화를 수확하여 부칠 것을 당부하였다.

이처럼 이황의 농장경영은, 밀, 벼, 보리 등 다양한 작물을 파종했다. 효율성을 높이기 위해 직파법과 아울러 선진농업인 이앙법을 실시했다. 또한 목화에 관심을 기울였다.

---

127) 김건태, "이황(李滉)의 가산경영(家産經營)과 치산이재(治産理財)", 퇴계학연구원, [퇴계학보], 제130집, 2011년, pp. 159~204.

128) 위의 책.

한편, 여러 곳에 농장이 산재해 있으므로 추수한 곡식을 운반하는 일이 보통일이 아니었다. 당시는 도로 사정도 여의치 않았으니 수송비용을 줄이는 일도 중요했다.

그래서 이황은 곡식 운반비용을 줄일 수 있는 방법을 다각도로 모색했다.[129)]

먼저, 곡식을 모았다가 한꺼번에 운송하는 방법이다. 수송을 한번 준비할 때마다 준비비용이 든다. 한 번의 운송량이 크면 곡식의 단위당으로는 싸게 운송할 수 있다. 그래서 한꺼번에 가급적 많이씩 운송하면 비용절감에 도움이 된다. 이것은 현대 경영과학의 수송비용 모델(Transportation Model)에서 다루는 주제이기도 하다.

아들에 보낸 편지는 이러하다.

> "손이(孫伊)의 집 곡식을 취해 오려고 하니 네가 내일 아침 바로 손이(孫伊)의 집으로 와서 그 곡식을 점검하여 내려 보내라. 아울러 김손(金孫)을 불러 바꾼 곡식을 취해서 함께 내려 보내는 것이 좋겠다.
>
> 영천(榮川)곡식을 실어오는 일은 내일 황석(黃石)을 보내 알아서 날짜를 약속하여 미리 대비해 놓고 와서 보고하도록 하고, 너도 가볼 계획을 세워라.
>
> 전답을 경작하는 사람이 싫어하고 꺼려하는 것을 모르는 바가 아니나 다른 방법이 어려운 형편이므로 세가(稅

129) 위의 책

価)를 제하고서 그들을 시킨다면 저들도 기꺼이 하지 않겠느냐?"[130]

노비인 손이를 시켜서 추수한 곡식과, 역시 노비인 김손을 시켜서 추수한 곡식을 모아서 한꺼번에 운송하라고 아들에게 지시했다.

노비들이 경작하는 것도 힘든데 운송까지 하라니까 싫어할 수 있다. 그러니까 수고비를 지불(세가를 제하고서)하고 운송을 시키라는 것이다.

다른 방법은, 수송비용을 줄이기 위해 방아를 찧어서 운송하는 방법이다.

아들에 보낸 편지는 이러하다.

> "선제(禫祭)를 지낼 일로 억필(億弼)을 풍산에 보냈다. 용손(龍孫)에게 패자를 보내서 속히 방아를 찧어 동산(動山), 구질비(仇叱非)의 남편 등과 함께 상납하도록 지시하였다."[131]

방아는 벼의 껍질을 벗겨 쌀을 만드는 것이니, 쌀로 운송하면 훨씬 무게가 덜 나간다.

---

130) 위의 책.

131) 위의 책.

운송비용을 줄이기 위한 또 다른 방법은 면포로 바꾸어 운송하는 것이다.

아들에 보낸 편지는 이러하다.

> "말질산(末叱山)은 영해(寧海)에서 돌아와 이미 의령(宜寧)으로 갔느냐? 남아 있는 곡식으로 품질좋은 면포를 사서 아주 속히 가져오도록 은부(銀夫)에게 엄중하게 가르쳐라. 매사를 이와 같이 하는 까닭은 가용(家用)이 군색하기 때문이다. 나머지는 가는 종에게 물어보아라. 만약 전처럼 못 쓰는 면포를 사온다면 사온들 무슨 소용이 있겠느냐?
>
> 의령(宜寧)에서 온 면포 15필은 사오는 무명이 오기를 잠시 기다렸다가 한꺼번에 올려 보내는 것이 좋겠다.
>
> 타작한 것은 얼마나 되느냐? 용도를 계산해 보고 나머지는 황석(黃石)이 말하는 바에 따라 처리하여라. 이곳은 용도가 필시 매우 군색할 것이니 곡식을 바꾸고 면포를 사들이는 일을 하지 않을 수 없다. 은부(銀夫)의 신공을 받아서 보내어라.
>
> 혹시 물건을 운반할 일이 있는데 말이 허약해서 운반이 어렵거든 다른 종들에게 힘을 합해서 실어오도록 지시하되, 따르지 않는 자는 다스려라."[132]

편지를 보면, 노비 은부에게 품질 좋은 면포를 사서 빨리 보내라고 채근했다. 전처럼 못 쓰는 면포는 사오지 말 것을

132) 위의 책

걱정했다. 돈으로 쓰이는 면포를 어서 보내라는 당부이다.

면포로 운송을 하면 부피와 무게가 줄어드니까 운송이 쉬운 것은 물론이다.

한편, 선비로서의 분별에 대하여 아들에게 보내는 구절은 이러하다.

> "공자께서 말하기를 '소득이 생기거든 의로운 것인가를 생각하라(見得思義 견득사의)'고 하였으며,
>
> 예[禮]에 이르기를 '재물에 임하여 구차히 얻지 말라(臨財毋苟得 임재무가득)'고 하였으며,
>
> 우리나라 최영의 아버지는 최영을 훈계하기를 '황금 보기를 돌같이 하라(視黃金如土塊 시황금여토괴)'라 하였으니,
>
> 이런 말들은 선비가 참으로 죽을 때까지 가슴에 새겨야 할 것이다."[133]

이황은 공자, 최영 등 선현의 가르침을 마음에 간직하고 농업 경영에 임했음을 알 수 있다.

정리하면, 이황은 농장경영의 효과성과 효율성을 추구하였고 수송비용도 관리했다. 이것은 선현의 가르침에 고착하는 가운데 이루어졌다.

---

133) 위의 책.

• 농사의 효과성을 높이기 위해, 벼, 보리, 목화 등 품목 다양화를 시행했다.
• 농사의 효율성을 위해 직파법과 아울러 선진농업인 이앙법을 적용했다.
• 수송비용 절감을 위해 '모아서 운송', '방아 찧어 운송', '면포로 운송' 등을 시행했다.
• 불의한 재물을 멀리하라는 선현의 가르침을 간직했다.

그런데 저자가 이 논문을 읽으면서 느낀 점은, 조선 사회에 노비 혹은 노예의 숫자가 무척 많았을 것이라는 점이다. 이황의 농장에서 일하는 농업노동자들은 거의 전부 노예였다. 예를 들어 순손, 용손, 손이, 억필, 구질비, 말질산, 은부 등의 노비 이름이 나온다.

주인에게 노비는 매우 유리한 수익원이다. 평생 주인에게 용역을 서비스한다. 멀리서 주인의 농사를 돕는다 해도 매년 일정 금액을 노비신공(奴婢身貢)으로 보낸다. 더구나 자식들을 노비로 바치니까 이렇게 좋을 수가 없다. 요즘으로 치면 안전하고 수익률 좋은 채권, 주식에 해당한다. 부동산 다음으로 꼭 가지고 늘려야 하는 것이 노비문서다.

"조선전기 지주들은 부세의 압박을 견디지 못하고 몰락하는 양인농민(良人農民)을 포섭함으로써 어렵지 않게 노비를 늘려갔다. 지주들은 노비들에게 양천교혼(良賤交婚)을

> 적극 권장한 다음, 그 후손을 노비로 삼았던 것이다. 지주가의 노비들 가운데 절반 이상이 양천교혼 소생인 경우도 있었다. 조선전기에는 노비만 확보되면 전지(田地)를 획득하는 것은 어려운 일이 아니었다. 옥토로 바꿀 수 있는 무주공황지가 곳곳에 널려 있었기 때문이다. 그들은 광활한 황무지를 절수(折收)받은 다음, 노비를 동원하여 자신의 전답으로 만들어갔다. 나아가 주인이 있는 진전(陳田)마저 자기 소유지로 만들기도 했다.”[134]

주인은 노비를 결혼시켜 자식을 낳게 해야 되니까, 혼기에 달한 총각노비나 처녀노비의 혼처를 꼭 구하려고 한다. 혼처가 노비 아니라 양민이라도 상관없다. 법에 따라 자녀는 무조건 노비가 된다. 노비는 점점 숫자가 늘어나는 메커니즘이다. 결국 조선 인구의 상당 부분은 노예가 되어 버리는 것이다.

문제는, 국가의 경제력과 국방력은 고대 도시국가의 자유시민에 해당하는 양반과 평민에 달려있다는 점이다. 노비가 점점 늘어나고 자유시민이 줄어들면서 조선의 경제력과 국방력은 계속 약해졌다. 결국 나라는 끝까지 쇠망해 갔다.

저자의 종가(宗家)도 농사를 지으셨는데, 조부의 다섯째 아들인 선친께서는 유학을 떠나므로 논밭 일을 그만두게 되

---

134) 김건태, [조선시대 양반가의 농업경영], 역사비평사, 2005, p. 465.

셨다. 그래서 저자도 농사일을 못해본 것이 아쉽다. 10대 시절에 조부 댁에 가 본 기억에는 향기로운 농산물과 채소의 맛이 생생하게 새겨져 있다.

저자의 숙부님은 간척지를 논으로 개간하여 이웃들에게 나누어주고 남은 논을 경작하셨다. 저자의 사촌이 상속을 받아 경작하는 곳에 가보니 넓은 논에 벼가 가득 자라고 있었다. 기계의 힘을 빌려서 '영농후계자'라는 청년 1명이 모든 농사일을 다 한다는 것이다.

우리나라 농산물을 기반으로 제품개발에 성공한 '설화수'의 사례를 살펴보자.

〈사례〉 우리 농산물을 이용한 화장품 - 설화수

'우리 것'에 집중하자

설화수가 탄생했던 1997년은 해외 명품 브랜드가 소비자들의 마음을 이미 사로잡은 후였고 그들과의 경쟁은 계란으로 바위 치는 격이었다. 국산 화장품, 더군다나 고급 한방 화장품을 소비자에게 포지셔닝하는 것은 당시 설화수의 성공 여부를 결정할 수 있는 중요한 문제였다.

하지만 설화수는 이러한 해외 화장품의 위협으로 인한 위기를 극복하고 2002년 이후 부동의 1위 자리를 고수하고 있다. 설화수가 해외 명품 브랜드와의 경쟁에서 승리할 수 있었던 비결은 무엇일까?

핵심역량 집중

설화수는 자신이 잘할 수 있는 것에 집중하는 것이었다. 설화수가 가진 강점은 '해외 어느 브랜드도 모방할 수 없는 우리 것'에 집중한 한방 화장품이었다. 그래서 설화수는 외국 이미지의 브랜드 이름이나 화려한 용기 디자인에 굴하지 않고 한방 화장품의 특성을 잘 살릴 수 있는 한국적인 것을 추구하기로 결정했다.

이에 설화수는 한국의 문화적 맥락을 살려야 한다는 일념으로 한국적인 아름다움을 알리기 위해 노력했다. 그래서 설화수는 프랑스와 미국, 일본 등 국내에 진입한 수입 브랜드에 대한 국내 소비자의 맹신을 타파하기 위한 키워드를 우리 문화에서 찾아서 소비자에게 강력하게 어필하고자 하였다. '우리

안의 것으로 세계와 소통하겠다'는 꿈을 구체화시키기 위해 가장 한국적인 것으로 승부수를 띄운 것이다.

우리 문화를 알리고 해외 브랜드와 차별화되는 설화수의 특징을 알리기 위해서는 설화수가 지닌 '한방'이라는 테마가 제격이었다. 예로부터 우리 한방은 화려하고 인위적인 아름다움이 아니라 자연스러움에서 우러나오는 건강한 아름다움을 추구해왔다. 자연이 주는 귀한 원료를 이용해 내적인 아름다움과 외적인 아름다움의 조화를 통해 음양의 조화를 이루는 건강함을 지향해온 것이다.

그래서 설화수는 자연과 인간의 조화, 어울림을 꿈꾸는 상생의 의미를 설화수 브랜드에 담은 것이다. 한국인은 한국인 체질에 맞는 신토불이 한약재를 사용함으로써 한국 소비자에 가장 잘 맞는 자연스러운 아름다움을 발산할 수 있다.

수입 브랜드가 추구하는 화학 성분에 의한 인공적 아름다움이 아닌 자연스러운 아름다움을 소비자들이 경험할 수 있도록 하고자 했다.

소비자 특성 파악

설화수는 국내 소비자들의 특성을 파악하여 시장 세분화를 통해 타킷으로 정한 세그먼트 소비자에게 집중하고 이후 연관 세그먼트를 확장해 나가는 전략을 사용하면서 판매 폭발을 일으킬 수 있었다. 그래서 수입 브랜드의 시장 잠식 속에서도 설화수만의 탁월한 제품 기능과 '우리의 문화, 그리고 한방'이라는 가치를 동시에 내세우는 전략을 선보였다.

설화수가 출시되었을 당시 국내 경제는 IMF 외환위기로 인해 절약과 국산품을 애용하자는 주의가 널리 펼쳐져 있었다. 설화수는 바로 이러한 환경 속에서 설화수 만이 타깃으로 할 수 있는 시장에 진입했다. IMF 외환위기로 인해 국내에서는 금 모으기 운동, 국산품 쓰기 운동 등이 진행되고 있었고 당시 우리 국민들의 애국심은 그 어느 때보다도 열기에 가득 차 있었다.

그래서 설화수는 프리미엄 화장품으로서 경기 침체와 상관없이 소비를 줄이지 않는 최상위 계층을 타겟으로 잡았다. 그 중에서도 특히 경제적 여유와 시간적 여유가 충분하며 노화를 방지하기 위해 해결책을 찾고 있는 30~40대 이상의 주부들을 타겟 고객으로 삼았다.

그리고 수입 브랜드가 시장을 장악했을 때, 설화수는 'Made in Korea'의 제품으로서 국산 화장품을 사용하는 소비자를 중심으로, 그리고 더 나아가 해외 브랜드를 사용하던 소비자까지 끌어들이기 위해 설화수의 샘플을 제공하는 마케팅 전략을 실행했다.

초기시장에서의 세그먼트를 더욱 집중하기 위해 그중에서도 우선 우리 회사의 화장품 사용자, 최고가 브랜드인 헤라 구매고객을 대상으로 샘플 제공 전략을 시작한 것이다. 헤라의 제품을 구매하는 고객 중 더 높은 가격에도 지불 용의가 있고, 더 우수한 품질과 고급 이미지를 원하는 소비자를 설화수로 끌어들이기 위한 전략이었다. 충실히 쌓은 핵심역량인 설화수의 품질을 믿고 내린 결정이었다.

교두보 전략

설화수가 처음 시장에 진출했을 때 대부분의 소비자들이 수입 명품 브랜드에 대한 열망, 그리고 외국 유명 연예인이 사용하는 명품 화장품 브랜드에 대한 동경으로 국산 화장품은 수입 브랜드에 비해 낮은 품질과 가치를 지니고 있다고 여겼다. 하지만 설화수는 이러한 수입 브랜드의 인기 대열에 억지로 끼워 맞출 것이 아니라 설화수만이 내세울 수 있는 한국적인 아름다움을 추구하고자 했다.

당시 거의 모든 수입 명품 브랜드가 모델을 앞세우고 연예인을 앞세워 이미지 광고를 했지만 설화수는 오히려 모델을 이용한 광고는 전혀 하지 않았다.

이미지 산업인 화장품을 어떻게 광고없이 판매하려 하느냐는 주위의 염려스러운 시선에도 불구하고 설화수는 TV 광고는 전혀 하지 않고 광고를 하더라도 멤버십 고객들 대상으로, 또는 프레스티지 잡지 등에만 제한적으로 모델 없이 제품만을 내세운 지면 광고를 내보냈다. 그것은 설화수 제품에 대한 자부심과 그동안 쌓아온 핵심역량에 대한 자신감이 있었기 때문이었다.

그리고 화장품 광고에 유명 모델을 사용하면 'OO가 사용하는 화장품'이라는 이미지가 된다. 설화수는 모델 없이 제품 자체 광고만을 함으로써 '내가 쓰는 화장품'이라는 자부심을 느끼게 해주었다.

광고를 적게 해서 절약한 비용으로 샘플을 제작해서 제공했고 샘플을 사용해본 고객들 중 상당수가 실제 구매로도 이어졌다. 제품 자체의 품질에 자신이 있었기에 그러한 결심을 할 수 있었던 것이다.

그리고 설화수는 이러한 기능적인 측면뿐만 아니라 설화수만이 소비자들에게 제공해줄 수 있는 가치를 제공함으로써 기능과 가치를 동시에 선보이면서 소비자들에게 강력하게 어필할 수 있었다.

설화수 고객의 대부분은 육아로부터 해방되어 자신을 꾸미거나 개발하는데 많은 노력과 시간을 투자하며, 노화를 방지하여 피부를 젊게 만들고자 하는 열망이 강했다. 소비자들의 이러한 열망의 세계를 파악한 설화수는 설화수라는 브랜드 이름만으로도 소비자에게 감성적으로 다가갈 수 있었다.

'설(雪) 화(花) 수(秀)'는 '마른 나뭇가지(주름지고 건성인 피부)에 하얀 눈(깨끗함)처럼 촉촉함을 더해 줌으로써 꽃(아름다움)이 피는 아름다움'을 테마로 고객의 감성을 자극할 수 있었다. 눈꽃이라는 단어가 감성적이고 잔잔한 분위기를 내며 품격있는 아름다움으로 소비자에게 다가갈 수 있었던 것도 소비자를 자극할 수 있는 비결이었다.

또한 한방 화장품으로서 한국적인 미를 살린 서예로 쓴 글씨체와 한복 치마를 연상하게 하는 화장품 용기 디자인은 설화수가 우리나라에 맞게 발전한 한의학을 바탕으로 개발된 전문적인 한국식 한방이라는 것을 강조한 것이었다.

당시 소비자들은 건강한 아름다움을 추구하기 위해서 일반적인 화학 재료의 화장품보다는 근원부터 치유해 주는 한방에 대한 관심이 매우 높아졌다. 게다가 설화수가 출시된 지 몇 년 지나지 않아 드라마 '허준'이 미친 영향도 만만치 않다. '허준'이 인기를 끌며 한의학에 대한 긍정적인 태도가 형성되면서 한방 화장품에 대해 냉랭한 반응을 보이던 소비자들 또한 한방 화장품에 긍정적인 관심을 갖게 되는 계기가 되었다.

1999년부터 2000년까지 인기리에 방영된 드라마 '허준'의 열풍으로 한방 관련 제품들이 큰 인기를 끌었고 한방 화장품 역시 인지도를 높여갈 수 있었다. 설화수는 이러한 한방에 대한 관심을 높인 촉진제를 통해, 내면의 아름다움과 외면의 아름다움이 일치한다는 한국의 사상을 토대로 몸을 다스리는 한의학을 통한 피부 건강을 내세우면서 소비자들에게 다가갈 수 있었다.[135)]

135) 성균관대학교경영연구소 · 전국경제인연합회 편, [주요 기업의 위기극복 성공사례], FKI 미디어, 2010, pp. 319~324.

마무리

위기와 리셋의 시대인 오늘날 내가 할 일은 무엇일까? 무엇보다도 나의 삶과 직업과 회사에서 할 일을 찾을 수 있을 것이다. 내가 이것들을 잘 경영하고 있는지?

세상을 재설정하기 원한다면, 우선 나의 삶과 직업과 회사의 경영을 어떻게 리셋해야 할까? 경영의 리셋을 위한 묘책(tip)이 절실히 필요하다.

리셋을 위한 묘책을 얻기 위해 우리나라의 경영 이야기들을 탐구함으로써, 우리의 정서와 DNA에 부합되는 tip을 얻을 수 있다.

먼저, 창업가 정신에 대해 마르쿠스 아우렐리우스와 아인랜드를 인용하였다.

앙리 페이욜은 이미 100년전에 경영학에 대해 정의했다. 오늘날에는 ESG 전략(환경(Environment) · 사회(Social) · 지배구조(Governance))이 경영학의 과제로 떠오르고 있다.

한편, 한국의 기업 경영은 세계의 주목을 받고 있다

애덤 스미스는 자본의 사용방법을 고찰했다. 오늘날은 수많은 업종들이 생겨나 창업가의 사업개발 영역은 무한하다.

효도는 최생의 곡물상 사업의 동기가 되었다. 효도가 창업의 동기가 되는 경우는 아마 한국인에게만 있을 것이다.

신류 장군은 대 러시아 전투에서 승리하여 기개를 떨쳤다.

허공은 치산(治産)을 위해 도포를 벗어던지고 온갖 노동에 진력하는 모습이다.

홍순언의 명예로운 행동은 한 여성을 구하고, 국가의 과제를 해결하고, 국가를 침략으로부터 구해낼 수 있었다.

만일 창업가가 조직 구성원을 노예처럼 취급하면 결코 좋은 결과를 얻을 수 없다. 김한진은 자유로운 양민이기 때문에 창의력를 발휘하고 부지런히 일해서 부자가 되었다.

선비 홍성민은 귀양가서 식량이 떨어지자 소금 무역을 하였다. 자유시장경제의 장점을 보여주는 예이다.

린 경영은 기업의 생존 방안으로 개발된 것인데, 이미 430년 전에 이순신 장군은 린 경영 개념을 활용하였다.

16세기 퇴계 이황의 농장 경영에서 배울 점이 있었다.

한국 경영학의 많은 이야기들은 정감있게 우리 가슴에 와닿는다. 또 현 시대의 '위대한 리셋'을 위한 tip을 간직하고 있었다.

저자의 5세 손자가 자라서 이 책을 읽을 때에는 세상이 바람직한 방향으로 리셋되었기를 희망한다.

참고문헌

1. Cain, Geoffrey, *Samsung Rising*, Currency, Random House, New York, 2020.
2. Lee, Hyeonseo, *The Girl with Seven Names - Escape from North Korea*, William Collins, Great Britain, 2015.
3. Thompson, John M,, *A Vision Unfulfilled- Russia and the Soviet Union in the Twentieth Century*, D. C. Heath and Company, Lexington, MA, 1996.
4. 국사편찬위원회, [조선왕조실록], 태조실록 6권, 태조3년(서기 1394) 6월 16일 갑신 1번째 기사, silok.history.go.kr
5. 국사편찬위원회, [조선왕조실록], 중종실록 33권, 중종13년(서기 1518) 5월 7일 을사 4번째 기사. silok.history.go.kr
6. 국사편찬위원회, [조선왕조실록], 선조실록 18권, 선조17년(서기 1584) 11월 1일 계유 2번째 기사. silok.history.go.kr
7. 국사편찬위원회, [조선왕조실록], 선조수정실록 26권, 선조 25, 5월 1일 경신 20번째 기사. silok.history.go.kr
8. 김건태, "이황(李滉)의 가산경영(家産經營)과 치산이재(治産理財)", 퇴계학연구원, [퇴계학보], 제130집, 2011.
9. 김건태, [조선시대 양반가의 농업경영], 역사비평사, 2005.
10. 루소, 장 자크, 이환 번역, [사회계약론], 삼성(三省)출판사, 1977.
11. 류성룡, 김시덕 역해, [징비록], 아카넷, 2013.
12. 박기봉 편역, [충무공 이순신 전서 제1권], 비봉출판사, 2006.
13. 박기봉 편역, [충무공 이순신 전서 제2권], 비봉출판사, 2006.
14. 박기봉 편역, [충무공 이순신 전서 제3권], 비봉출판사, 2006.
15. 박기봉 편역, [충무공 이순신 전서 제4권], 비봉출판사, 2006.
16. 서유구 지음, 정명현 · 김정기 역주, [임원경제지(林園經濟志) 본리지(本利志) 1], 소와당, 2008.
17. 서유구 지음, 정명현 · 김정기 역주, [임원경제지(林園經濟志) 본

리지(本利志) 2], 소와당, 2008.
18. 성균관대학교경영연구소 · 전국경제인연합회 편, [주요 기업의 위기극복 성공사례], FKI 미디어, 2010.
19. 세종대왕기념사업회, [통문관지(通文館志)], 외교사 고전국역2. 통문관지, 전4집, 제7권 "홍순언", 1998.
20. 신류 지음, 계승범 옮김, [북정록], 서해문집, 2018.
21. 아인 랜드, 정명진 역, [이기심의 미덕], 부글 북스, 2017.
22. 앙리 페이욜 저, 김홍길 역, [산업 및 일반경영관리론], 지문사, 1990.
23. 애덤 스미스 저, 김수행 역, [국부론 상], 비봉출판사, 2007.
24. 애덤 스미스 저, 최임환 역, [국부론 상], 을유문화사, 1985.
25. 애덤 스미스 저, 최임환 역, [국부론 하], 을유문화사, 1985.
26. 애덤 스미스 저, 최호진 · 정해동 역, [국부론 상], 범우사, 1992.
27. 애덤 스미스, 박세일 · 민경국 공역, [도덕감정론], 비봉출판사, 2009.
28. 유튜브연구회 지음, 정재훈 감수, [콘텐츠로 스타되고 광고로 수익얻는 유튜브], ㈜도서출판 길벗, 2014.
29. 윤훈현 저, [21세기 기업과 경영], 청목출판사, 2009.
30. 이영훈, [수량경제사로 다시 본 조선후기], 서울대학교출판부, 2004.
31. 이우성 · 임형택 편역, [이조한문단편집 1], "광작(廣作)", 창비, 2018. pp. 31~38.
32. 이우성 · 임형택 편역, [이조한문단편집 1], "귀향(歸鄕)", 창비, 2018. pp. 19~26.
33. 이임광 지음, [정석 조중훈 이야기- 사업은 예술이다], 청사록, 2015.
34. 임형택, [한문 서사의 영토 1], "소금무역", 태학사, 2012. pp. 111~114.
35. 장대성 · 양종곤, "이순신 장군의 린 경영에 관한 연구", 한국경영사학회, [經營史學], 제26집 제1호 (통권 57호) 2011.

36. 정세영, [미래는 만드는 것이다], 행림출판, 2000.
37. 최진석, [작은 거인들], 비즈하우스, 2017.
38. 카이사르, 가이우스 율리우스, 김한영 옮김, [카이사르의 갈리아 전쟁기], 사이, 2005.
39. 클라우스 슈밥 · 티에리 말르레 지음, 이진원 옮김, [클라우스 슈밥의 위대한 리셋], 메가스터디BOOKS, 2021.
40. 클라우스 슈밥 · 피터 반햄 지음, 김미정 옮김, [자본주의 대예측], 메가스터디BOOKS, 2022.
41. 클로드 조오지 2세 지음, 양창삼 옮김, [경영 사상사], 현상과 인식. 1984.
42. 키케로 외 지음, 천병희 옮김, [그리스 로마 에세이], 도서출판 숲, 2011.
43. 투퀴디데스 지음, 천병희 옮김, [펠로폰네소스 전쟁사], 도서출판 숲, 2017.
44. 한국 표준협회, 국가품질상/품질분임조. [제47회 국가품질경영대회], 2021.11월 www.ksa.or.kr

부록: 24 절기

월	절기		농사
정월	입춘	동풍이 얼음을 녹인다.	땅에 거름을 뿌린다.
	우수	초목의 싹이 움직인다.	오이밭에 이랑을 만든다
이월	경칩	복숭아꽃이 핀다	삼,조,콩,기장,조,차,채소,오이,표주박,산초를 심는다
	춘분	제비가 온다	볍씨를 물에 담근다
삼월	청명	오동나무 꽃이 핀나.	벼,참깨,생강,쪽,목면,붉은팥,녹두를 심는다
	곡우	부평초가 사란다	누에를 친다
사월	입하	지렁이가 나온다	올벼를 이앙한다
	소만	고들빼기가 열매를 맺는다	벼를 김맨다
오월	망종	때까치가 운다	늦벼를 이앙한다
	하지	사슴 뿔이 떨어진다	모시를 벤다
유월	소서	매가 사나워진다	삼을 벤다
	대서	큰비가 내린다	벼를 김맨다
칠월	입추	서늘한 바람이 생긴다	보리밭,밀밭을 두벌갈이 한다.
	처서	곡식이 여문다	올벼와 조를 벤다

월	절기		농사
팔월	백로	기러기가 온다	보리,밀,완두,잇꽃,달래,염교,파,부추를 심는다
	추분	물이 마르기 시작한다	솜을 손질한다
구월	한로	국화가 황색꽃을 갖는다	콩을 벤다
	상강	초목이 누렇게 떨어진다	타작마당을 만든다
시월	입동	땅이 얼기 시작한다	베를 짠다
	소설	하늘기운이 위로 올라간다	여러 곡식의 종자와 생강의 종자를 저장한다
십일월	대설	호랑이가 교미한다	띠와 갈대를 벤다
	동지	사불상의 뿔이 떨어진다	건어물과 젓을 만든다
십이월	소한	기러기가 북쪽으로 향한다	누에알을 목욕시킨다
	대한	맹금류가 사나워진다	술을 빚는다

출처 : 서유구 지음, 정명현 · 김정기 역주, [임원경제지(林園經濟志) 본리지(本利志) 1], 소와당, 2008, pp. 390~397)

찾아보기

〈ㅎ〉

〈기 타〉

[저자 약력]

• 심현철

서울대학교 문리과대학 해양학과 졸업(이학사)
서울대학교 대학원 경영학과 졸업(경영학석사)
成均館대학교 대학원 경영학과 졸업(경영학박사)
캘리포니아대학교(UCLA) 교환교수
레드랜드대학교(University of Redlands) 교환교수
성신여자대학교 경영학과 교수
성신여자대학교 성신학보주간, 2부교학처장, 교무처장, 사회과학대학장, 교수협의회회장,
성신학원새마을금고이사장
성신여자대학교 경영학과 명예교수
e-mail: simhc@sungshin.ac.kr

리셋시대의 경영

2022년 10월 25일 초판인쇄
2022년 10월 30일 초판발행

저 자 심 현 철
발행인 유 성 열
발행처 **청 목 출 판 사**
서울특별시 영등포구 신길로 40길 20
전화 (02) 849-6157/833-6091
FAX (02) 849-0817
등록 제318-2005-000030호

파본은 바꾸어 드립니다. 값 14,000원

http://www.chongmok.co.kr

ISBN 979-11-5908-052-4